Die Leiterin der »Weiblichen Kriminalpolizei« in Hamburg wurde vom Dienst suspendiert, ihre Abteilung wurde aufgelöst. Sie soll für den gemeinsamen Selbstmord ihrer beiden Mitarbeiterinnen verantwortlich sein, die tot am Strand einer Nordseeinsel aufgefunden wurden. In diese Atmosphäre des Misstrauens und der Intrigen, verstärkt durch die politischen Unruhen zu Beginn der 30er Jahre, gerät die britische Kriminalbeamtin Jennifer Stevenson. Sie will im Auftrag der »International Association of Policewomen« Näheres über den Skandal herausfinden. Aber es scheint fast unmöglich, das Meer an Gerüchten und Lügen zu durchdringen ...

**Robert Brack** alias Virginia Doyle, Jahrgang 1959, lebt in Hamburg. Als Virginia Doyle ist er bekannt für seine historischen Kriminalromane. Als Robert Brack wurde er mit dem »Marlowe« der Raymond-Chandler-Gesellschaft für *Das Mädchen mit der Taschenlampe* (Edition Nautilus) und mit dem »Deutschen Krimi-Preis« für *Das Gangsterbüro* (Edition Nautilus) ausgezeichnet.
Zuletzt erschienen in der Edition Nautilus 2006 *Kalte Abreise* (Reihe Kaliber .64) sowie 2007 *Schneewittchens Sarg*.

Robert Brack

**UND DAS MEER
GAB SEINE TOTEN WIEDER**

Roman

**Edition Nautilus**

*Editorische Notiz:* Der vorliegende Roman behandelt einen wahren Kriminalfall aus dem Jahr 1931 und versucht, die Hintergründe eines Hamburger Polizeiskandals aufzuklären. In Chroniken und Dokumenten sowie Büchern zur Polizeigeschichte der Hansestadt wird der Fall nur am Rande erwähnt oder fehlerhaft und unvollständig dargestellt. Die tatsächlichen politischen und persönlichen Umstände, die zum Tod von zwei Hamburger Polizistinnen, zur Amtsenthebung ihrer Vorgesetzten und der Auflösung der Abteilung »Weibliche Kriminalpolizei« führten, wurden von offizieller Seite nie vollständig aufgedeckt. Die hier beschriebene Ermittlung ist zwar fiktiv, hält sich aber weitestgehend an die vom Autor recherchierten Fakten. Zitierte Zeitungsartikel und Briefe sind im Originalton wiedergegeben. Wichtige Alltagsdetails wurden so korrekt wie möglich nachempfunden und historische Personen so dargestellt, wie es ihrer tatsächlichen Rolle im beschriebenen Fall entspricht.

*Edition Nautilus*
Verlag Lutz Schulenburg
Alte Holstenstraße 22
D-21031 Hamburg
www.edition-nautilus.de
Alle Rechte vorbehalten
© Lutz Schulenburg 2008
Umschlaggestaltung:
Maja Bechert, Hamburg
www.majabechert.de
Titelmotiv »Getting Aboard«,
© Getty Images /
Fox Photos / Stringer
Autorenfoto Seite 2:
Anja Lubitz
Fotos Seite 218:
Robert Brack
Originalveröffentlichung
Erstausgabe Juni 2008
Druck und Bindung:
Fuldaer Verlagsanstalt
2. Auflage August 2008
ISBN 978-3-89401-574-9

## PROLOG: **VERWEHTE GESTALTEN**

Wie schön wäre es, hier mit dir zu sterben? Unter dem weiten Himmel, am Ufer des endlosen Meeres. Wer würde uns holen? Die Wellen? Wer sonst? Die Erde tut sich nicht von allein auf. Und hier, in diesem Teil der Welt, bietet sie wahrhaftig keine zuverlässige Heimstatt. Allzu gierig nagen die Fluten an der mürben Scholle. Und der Himmel? Wer sollte von dort herabsteigen? Nur Möwen. Jemand sprach von Möwen. »Die sind wie Geier. Haben Sie mal eine Leiche gesehen, über die sich die Möwen hergemacht haben? Wie die aussieht? Erst gehen sie an die Augen ...« Mich schauderte, als ich das hörte.

Haben die beiden daran gedacht, als sie sich auf das grüne Bett der Salzwiese jenseits des schützenden Deichs legten? Und wir? Wir wollen doch nicht als Möwenfraß enden, oder? Und überhaupt, warum denn sterben? Es wäre an der Zeit zu leben! Wenn du wolltest ... nein, wenn ich wollte ...

Es ist nicht der rechte Ort, an so etwas zu denken. Es ist viel zu kalt. Eisige Böen peitschen die kahlen Äste. Mich friert, meine Finger werden steif. Wartest du denn überhaupt auf eine Nachricht von mir?

»Das reife Feld, wer heimst es ein,
wer nimmt ihm seine Bürde ab?
Wer bringt's zur Ruh im Abendschein,
bereitet ihm sein Wintergrab?«

So schrieb es der Dichter dieser Insel. Und so haben es die beiden Unglücklichen, die hier den Tod fanden, gelesen. Es ist ihr Buch. Die Wirtin aus der Pension, in der sie ihre letzte Nacht verbrachten, hat es mir gegeben. »Mehr haben sie nicht zurückgelassen. Sind nur Gedichte.«

Ein kleines, schmales Büchlein mit einem Blumenornament auf dem Einband. Bemalte Pappe, nichts weiter. Dünne bedruckte Seiten. Eine Widmung. Bemerkenswert daran ist, dass es zwei Widmungen sind, in zwei verschiedenen Handschriften: »Für Thesy!« und »Für Maria!«, geschrieben mit derselben Tinte, derselben Feder, wie es scheint. Das erste Gedicht trägt den Titel »Die zwei Sensen«:

»Und all die Blumen fallen mit,
die weiß und rot und gelb und blau,
erzittern vor dem Schnitterschritt,
wenn er beginnt im Morgengrau.«

Warum haben sie das Buch nicht mitgenommen? Sie haben doch sonst alles wohlgeordnet hinterlassen, sogar sich selbst – nebeneinanderliegend auf dem Vorland, ihr Handgepäck ordentlich abgestellt, zwei weiße Tücher über die Gesichter gebreitet. Wegen der Möwen? Es ist alles mehrfach beschrieben worden, aber niemand hat davon berichtet, ob sie sich an den Händen hielten. Gift, ja Gift, davon sprach man, auch von einer Pistole, vom Ertrinken, von Fesseln, aber nicht von den Händen, und ob sie während der letzten Sekunden einander festhielten. Haben sie die Grenze gemeinsam, im gleichen Moment überschritten, oder ging Thesy voran, so wie sie es immer tat, und zog Maria mit sich?

Und haben sie an die Fluten gedacht, an den unbändigen Sturm und die entfesselte Naturgewalt, die zwei Tage darauf die Insel überfiel? Bestimmt nicht. Es war ein strahlender Sommertag, als sie am Morgen fortgingen. Das Unwetter brach erst später los, »rauschende, schwarze, langmähnige Wogen kamen wie rasende Rosse geflogen«. Wäre es nicht besser gewesen, das Meer hätte sie verschlungen? Jetzt liegen sie in der Erde, auf demselben Friedhof, nur leider nicht nebeneinander. Im Tod getrennt. Das ist traurig.

Aber möglich wäre doch, dass alles ganz anders geschehen ist. Dieser Gedanke kommt mir immer wieder. Wie können zwei Menschen so lange an einer Stelle gleich hinter dem Deich liegen, ohne dass jemand sie bemerkt und etwas unternimmt? Wer sonnt sich denn tagelang in gleicher Pose am selben Ort? Vollständig bekleidet mitten im Sommer in der Julihitze? Und später, als der Sturm losbrach, hat da niemand an sie gedacht, an die beiden Frauen, die ihre Pension verlassen hatten, an den Strand gingen und nicht mehr zurückkamen?

Was, wenn sie gar nicht die ganze Zeit dort gelegen haben? Wenn jemand sie weggeholt und später wieder hingebracht hat?

Wer und warum, fragst du? Gibt es nicht genügend dunkle Gestalten in dieser Geschichte? Bin ich nicht auf der Flucht vor ihnen? Ach, ich wünschte, du wärst jetzt hier. Dann müsste ich mich nicht fürchten.

Vor ihm. Womöglich ist der, der mich sucht, schon auf der Insel. Wie soll ich mich vor ihm in Sicherheit bringen? Das Schiff fährt erst morgen früh.

Ich wage gar nicht, mir auszudenken, was geschieht, wenn er mit mir den Dampfer betritt. Jetzt im Winter kommen kaum Besucher auf die Insel. Es ist durchaus möglich, dass niemand außer uns zum Festland aufbricht. Wir wären die einzigen Passagiere an Bord!

Oder was soll ich tun, wenn er mir im Hotel auflauert? Er kann ganz ruhig im Gastraum sitzen, Bier trinken und warten, bis ich hereinkomme, um mir meinen Schlüssel zu holen. Die Zimmernummer hat er vielleicht schon erfragt …

Ich werde nicht öffnen, wenn es klopft!

Und wenn mir etwas geschieht? Dann musst du weitermachen! Klara, ich setze all meine Hoffnung auf dich, siehst du? Wenn ich mich nicht geniere, werde ich diese Zeilen in einen Umschlag stecken und am Postamt abgeben. Dann erfährst du alles.

Dort hinten kommen zwei verwehte Gestalten über den Deich, der frostige Wind zerrt an ihren Mänteln ... Meine Hände sind starr, ich kann kaum noch schreiben ...

## ERSTER TEIL: **IM RÄDERWERK**

– 1 –

Vor allem roch es nach verbrannter Kohle. Überall Rauch, vermischt mit Nebel, Eisbrocken trieben im schwarzen Wasser, Schneeflocken wirbelten durch die Luft. Durchdringendes Sirenengeheul, doch die Stadt im Dunst blieb unbeeindruckt von unserer Ankunft. Was bildeten wir uns auch ein? Ein zweiter Blick auf den Hafen zeigte uns die massigen Umrisse viel größerer Schiffe. Zwei Schlepper halfen beim Wenden zwischen Frachtern, Fähren und Barkassen. Wir fügten uns bescheiden zwischen zwei Ozeanriesen ein und machten an der Überseebrücke fest. Willkommen in Hamburg.
Eine Ankunft im Morgengrauen. Allein in der Fremde. Eine Mission.
Kein Grund, pathetisch zu werden, Jenny. Es war viel zu frostig für große Gefühle und dein Koffer zu schwer für tiefschürfende Gedanken.
»Siehst du«, sagte die kleine Anna, die neben mir über die Reling spähte, »jetzt sind wir nicht mehr grün im Gesicht.«
»Was für ein Glück.«
»Ja, grau siehst du viel besser aus. Tschüss, ich muss jetzt gehen.«
Ein flüchtiger Händedruck, ein angedeuteter Knicks und weg war sie.
Ein Blick über die Bordwand. Die ersten Passagiere betraten

vorsichtig die Gangway. Es sind immer die Ängstlichen, die zuerst das Schiff verlassen.

Ich griff nach dem Koffer und ging von Deck.

Draußen auf dem Ponton fühlte ich mich klein als Teil des Auflaufs winziger Menschen neben den hoch aufragenden schwimmenden Stahlwänden. Ein langer eiserner Steg führte an Land.

»… man erwartet Sie gegenüber der Brücke … am Zeitungsstand unter der Hochbahn …«

Automobile fuhren vor und nahmen die wohlhabenden Reisenden auf. Jenseits der Hochbahn eine Tramhaltestelle, dahinter reckten sich mehrstöckige Häuser mit spitzen Giebeln in die Höhe. Ich stellte den Koffer ab, schlug meinen Mantelkragen hoch und schaute mich um. Die Frau im Zeitungsstand rauchte eine Pfeife und musterte mich argwöhnisch. Über mir rumpelten Waggons über die Eisenbrücke. Ein Mann trat auf mich zu, streckte die Hand aus. Er trug nicht mal einen Mantel, nur ein armseliges Jackett, darunter ein schmutziges Baumwollhemd, die Hosen so kurz, dass man die nackten Beine sah.

»Es tut mir leid, ich habe kein deutsches Geld.« Er stolperte vorbei, mit unbewegtem Gesicht. Einer von sechs Millionen Arbeitslosen in Deutschland an diesem Tag, dem 29. Februar, der das Jahr des Elends 1932 um vierundzwanzig Stunden verlängerte.

Ich erkannte die Frau an ihrem Hut. Natürlich trug sie keine Uniform, ihre Dienststelle war aufgelöst worden, es gab keine weiblichen Streifenbeamten mehr, aber der Hut erinnerte mich an meine Kolleginnen in England. Einen solchen Hut trägt eine Frau sonst nicht.

»Good morning«, sagte sie unbeholfen. »My name is Berta Winter.«

»Guten Morgen, Frau Winter. Ich bin Jennifer Stevenson von der International Policewomen's Association. Ich freue mich, Sie kennenzulernen.«

Wir schüttelten uns die Hand.

»Oh, Sie sprechen Deutsch«, stellte sie erleichtert fest.

»Ein bisschen.«

»Ich bin die Einzige bei uns, die etwas Englisch beherrscht … deshalb hat man mich … Lernt man denn bei der englischen Polizei Fremdsprachen?«

»Nein. Eine Tante hat es mir beigebracht. Sie kam aus Hamburg.«

»Ach, dann sind Sie sozusagen eine Landsmännin?«

»Nein, nur die Tante.«

»Ach so.« Sie schaute auf meinen Koffer, offenbar unschlüssig, ob sie ihn tragen sollte. »Wir könnten die Straßenbahn nehmen, nur zwei Stationen … oder …«

»Zu Fuß wäre mir angenehm. Ich kann etwas Bewegung gebrauchen.«

Sie trat auf den Koffer zu. »Soll ich den …?«

»Nein, nein, ich glaube, das schaffe ich schon.« Ich hob mein einziges Gepäckstück an, um zu zeigen, dass es mir keine Mühe bereitete. Sicherlich war ich die Stärkere von uns beiden, wenn auch etwas kleiner als meine deutsche Kollegin, die schmal und schlank gebaut war, weshalb die schweren Schnürstiefel an ihren Füßen und der plumpe Hut nicht recht zu ihr passen wollten.

Berta Winter drehte sich um. Mein Blick fiel auf die Zeitungsverkäuferin. Sollte ich mich verabschieden? Immerhin hatte sie mich die ganze Zeit unverhohlen angestarrt. Ohne die Pfeife aus dem Mund zu nehmen, sagte sie: »English papers heb wi ook.« Und stieß eine Rauchwolke aus.

Ich dankte mit einem Kopfnicken und folgte meiner Gastgeberin über die Fahrbahn, durch größere Straßen und verwinkelte Gassen, bis wir vor einem schmalen, vierstöckigen Fachwerkhaus standen.

»Oben unterm Dachboden«, sagte Berta entschuldigend.

»Groß ist es leider nicht. Aber ich kann uns Kaffee machen. Aus echten Bohnen.«

»Das gefällt mir gut.«

Über eine steile Stiege gelangten wir in ihre Wohnung. Einige Wände hatten Dachschrägen.

»Es ist ein Zimmer zu viel da … meine Mutter ist im letzten Jahr verstorben …«

Sie zeigte mir eine schlicht eingerichtete Küche, ein Wohnzimmer, das sie erst aufschließen musste, ein Schlafzimmer mit einem düster wirkenden mächtigen Doppelbett und eine Kammer, in der kaum mehr als Tisch, Stuhl, Bett und Kommode Platz fanden. Es ging nach hinten hinaus und hatte nur ein sehr kleines Fenster. An der sonst kahlen Wand ein Bild mit Blumen. Über dem Tisch ein schmales Regal mit Büchern.

»Eigentlich war das immer mein Zimmer … aber jetzt …«

Ich stellte meinen Koffer ab. »Es ist schön.«

»Sicher etwas eng.«

Ich trat ans Fenster. Unten im Hinterhof waren lange Bretter aufgeschichtet, Arbeitsgeräte standen herum. Ich hatte das Firmenschild einer Tischlerei am Nebenhaus bemerkt.

»Wenn die da unten zu laut hämmern, muss man schreien, dann kuschen sie schon«, sagte Berta und hob unvermittelt meinen Koffer hoch, um ihn auf das Bett zu werfen.

»Danke«, sagte ich erstaunt.

»Ich mach uns mal einen Kaffee. Die Toilette ist eine halbe Treppe tiefer. Der Schlüssel liegt oben auf dem Türrahmen, damit sich die Kinder nicht andauernd einschließen …«

»Gut, vielen Dank.«

Der Kaffee, den sie mir dann in ihrer kleinen Küche servierte, war bestimmt der Beste, den ich je getrunken hatte. Leider blieb es bei diesem einen Mal.

Wir unterhielten uns über dies und das. Ich erzählte ein bisschen von Tante Elsi, die von meinem Onkel Jack, einem schottischen Matrosen, nach Glasgow gebracht worden war. Er hatte versprochen, mit ihr nach Amerika auszuwandern. Aber dann sind sie in Schottland geblieben. Er trank und sie »verdorrte so langsam«, wie sie sich ausdrückte. Dass sie vom

»Hamburger Berg« stammte, wie sie St. Pauli immer nannte, verschwieg ich Berta, obwohl ich annehmen durfte, dass wir als Kolleginnen keine Vorurteile kannten.

»Für Tante Elsi ist Hamburg die schönste Stadt der Welt. Und Glasgow die Hölle«, erzählte ich.

»Warum kommt sie dann nicht zurück?«

»Sie ist verheiratet und mittellos ...«

»Sklaverei«, sagte Berta.

»Sie hat mich erzogen, nachdem meine Mutter starb. Seit ich in London bin, schicke ich ihr Briefe. Aber es kommt nie einer zurück.«

»Vielleicht hätten Sie sie mitnehmen sollen.«

Du hast es nicht bemerkt, Berta, aber was du da gesagt hattest, rührte mich sehr. Warum bin ich nie selbst auf diesen Gedanken gekommen?

Nach einer Weile kamen wir endlich auf den Grund meiner Reise zu sprechen.

»Es ist doch längst zu spät«, sagte Berta. »Unsere Dienststelle ist aufgelöst.«

»Mag sein, aber warum?«

Sie legte das Messer beiseite, mit dem sie sich ein Butterbrot geschmiert hatte.

»Warum? Aber wisst ihr das in England denn noch nicht? Zwei unserer besten Polizistinnen haben ... sind ums Leben gekommen!«

»Selbstmord, heißt es.«

»Dann wisst ihr es also doch.«

»Ja, sicher, aber warum wird eine ganze Dienststelle aufgelöst, wenn zwei Beamtinnen sich umbringen?«

»Weil es nicht mehr ging! Unsere Chefin steht doch unter Anklage! Sie darf die Abteilung nicht mehr leiten. Und wer sollte es sonst tun? Thesy, also Therese Dopfer, war ihre Stellvertreterin, aber sie ist ja nun tot. Erst hat der Forster von der Sitte die Leitung übernommen. Aber dann wurden alle auf verschiedene Abteilungen verteilt.«

»Das ist es ja eben, was uns wundert. Josephine Erkens, die international anerkannte Expertin, die Bahnbrechendes auf dem Gebiet der weiblichen Kriminalpolizei geleistet hat, wurde ihres Amtes enthoben und einem Disziplinarverfahren unterzogen. Warum?«

Berta sah mich unglücklich an, vielleicht war ich zu aufbrausend geworden.

»Das ... das weiß ich nicht.«

»Macht man sie für den Tod ihrer Untergebenen verantwortlich?«

»Ja ... nein ... ich weiß nicht. Sie hatte doch immer Scherereien mit den Vorgesetzten.«

»Nur weil eine Beamtin Konflikte mit ihren Vorgesetzten hat, wird doch nicht eine ganze Abteilung aufgelöst!«

Berta blickte verlegen um sich, schaute durchs Fenster in den stahlgrauen Himmel. Aus Schornsteinen quoll gelber Qualm und stieg träge nach oben. Sie zog ein Taschentuch aus dem Ärmel ihres dunkelblauen Kleids, schnäuzte und tupfte sich die Augenwinkel.

»Es ist alles so schrecklich schiefgelaufen. Dabei hatte es wunderbar angefangen.« Sie seufzte. »Es war, wie wenn man unter Freunden arbeitet. Zuerst waren wir ganz wenige, nur fünf Beamte, Frau Erkens und Thesy und Maria Fischer und zwei Männer. Und wir Angestellten – ich habe als Schreibkraft angefangen. Wir hatten die schönste Dienststelle im ganzen Stadthaus. Blumen am Fenster, Blumen auf den Schreibtischen, in der Ecke Kinderspielzeug, Bilderbücher, Stofftiere, Puppen. Wenn Frauen mit Kindern kamen, haben wir uns gekümmert und ihnen was zum Spielen gegeben. Wir haben nicht nur Anzeigen aufgenommen oder Protokolle geführt, wir haben junge Mädchen beraten und Frauen in Not geholfen. Es ging ja nicht nur um Verbrechen ... Jeder konnte sich mit jedem besprechen, auch mit den männlichen Beamten. Es herrschte ein großer Gemeinschaftsgeist. Einmal in der Woche gab es großen Kaffeeklatsch.« Sie lächelte wehmütig. »Und Frau Erkens und Thesy Dopfer waren ein Herz und eine Seele. ›Mein Goldschatz‹ hat Frau Erkens immer zu ihr gesagt. Aber irgendwann war dann alles anders. Da sind sie dann aufeinander losgegangen wie die Furien.«

»Aber das kann doch nicht über Nacht gekommen sein.«

Sie zuckte mit den Schultern. »Es ist einfach passiert und jetzt ist es eben vorbei. Und ganz bestimmt ist Frau Erkens nicht unschuldig an alledem.«

»Ich habe Frau Erkens in London auf einer Tagung kennengelernt. Dort machte sie einen überaus liebenswerten, ernsthaften und kompetenten Eindruck. Sie hat viel Beifall bekommen.«

»Dann hast du dich eben auch von ihr blenden lassen!«, stieß Berta wütend hervor und hielt sich vor Schreck die Hand vor den Mund. »Entschuldigen Sie bitte.«

»Ist schon gut. Aber ich glaube, wir können ruhig beim Du bleiben.«

Berta lächelte zaghaft. »Nur unter einer Bedingung: Ich muss nichts mehr zu dieser furchtbaren Sache aussagen. Die anderen wissen auch viel besser Bescheid.«

»Ich darf doch gar keine Aussagen offiziell aufnehmen. Aber ich habe die Absicht, eine Menge Fragen zu stellen, und wäre dir sehr dankbar, wenn du mich jetzt zur Polizeizentrale bringen könntest.«

Ich stand auf, nun hatte ich es eilig. Auch nach zwei Butterbroten hatte ich noch Appetit, zu Hause war ich ein anderes Frühstück gewöhnt. Möglicherweise kamen wir auf dem Weg an einer Schlachterei vorbei, wo die berühmten deutschen Würste verkauft wurden.

»Vielleicht erwartet man mich ja schon«, fügte ich hinzu, um mein Hungergefühl zu kaschieren.

»Das glaube ich eher nicht«, sagte Berta.

– 2 –

Bis zur Polizeizentrale im Stadthaus war es nicht weit. In einer kleinen Sparkassenfiliale konnte ich deutsches Geld eintauschen. Dann betrat ich zum Erstaunen von Berta einen Fleischerladen und kaufte zwei Wiener Würstchen. »Immer mit fettigen Händen zum Dienst«, lästerten meine Kolleginnen in London manchmal.

Berta war recht einsilbig. Vielleicht war ihr der Gefühlsausbruch am Küchentisch peinlich. Im Stadthaus führte sie mich über Treppen und Korridore zum Büro von Dr. Schlanbusch, dem stellvertretenden Polizeipräsidenten, dem vier Jahre lang die Abteilung der Frauenpolizei unterstellt gewesen war. Der Vorstand der International Policewomen's Association hatte ihm mein Kommen angekündigt.

Mit jedem Schritt schien Berta langsamer zu werden. Ich machte einen Scherz über die endlosen Flure, unter denen wir auch in London zu leiden hätten, aber sie erwiderte nichts. Schließlich blieb sie stehen, klopfte an eine Tür und trat beiseite. Es war klar, dass sie nicht mit hineingehen wollte.

Eine Frauenstimme rief: »Ja, bitte!«, und ich trat ins Vorzimmer. Eine hübsche Blondine, ein bisschen älter als ich, schaute von ihrer Schreibmaschine auf. Ich stellte mich vor. »Good Morning«, sagte sie lächelnd. Dann hielt sie ratlos inne. Ich beeilte mich, deutsch zu sprechen.

Sie stand auf. In ihrem grauen Kostüm machte sie einen sehr adretten Eindruck. »Herr Dr. Schlanbusch ist wie immer in Eile. Aber ich will mal sehen, ob er schnell Zeit für Sie hat.« Ich hatte mir eigentlich mehr erhofft als nur ein kurzes Gespräch, erwiderte aber nichts. Es war besser, nicht gleich zu hohe Forderungen zu stellen. Die Blonde klopfte an die Tür zum Nebenzimmer, man hörte ein herrisches »Herein!«, und ich bemerkte, wie sie sich duckte, als sie die Klinke drückte. Sie nannte leise meinen Namen.

»Soll reinkommen!«

Und schon stand ich vor seinem Schreibtisch. Dr. Schlanbusch erhob sich. Recht schmale Schultern für seine Körpergröße, aber breite Hände. Offenbar war er sich unschlüssig, ob er sie mir reichen sollte und entschied sich dann, es nicht zu tun. Stattdessen sah er mich nur fragend an.

»Die Dame spricht deutsch«, versicherte die Sekretärin.

»Nun gut.« Er musterte mich eher nachlässig und trat hinter dem Schreibtisch hervor. »Sie haben eine weite Reise gemacht. Sie werden enttäuscht sein. Die Dienststelle, die Sie in Augenschein nehmen wollen, existiert nicht mehr.«

»Das ist doch der Grund, weshalb man mich geschickt hat.«

»Man hat Sie geschickt?« Er hüstelte, ging an mir vorbei und tat so, als würde er im Aktenschrank nach etwas suchen.

»Ich bin im Auftrag der International Policewomen's Association hier. Der Polizeisenator hat uns brieflich Unterstützung zugesagt.«

»Ah!«, rief er gequält und fügte leise hinzu: »Da hat Schönfelder sich wieder von den Blaustrümpfen breitschlagen lassen.« Er warf einen Blick durch die offen stehende Tür zu seiner Sekretärin, die diesen Ausspruch wohl mithören sollte. Sie tat so, als ginge sie das alles nichts an, und wandte sich wieder ihren Papieren zu.

»Die I.P.A. sorgt sich sehr um das Schicksal von Frau Josephine Erkens. Darüber hinaus sind wir bestürzt über die Entwicklungen in Deutschland und fragen uns, wie es zur Auflösung der Frauenpolizei kommen konnte. Die Hamburger Abteilung galt doch bis vor Kurzem international als vorbildlich.«

»Man sorgt sich in England um unsere Polizei?« Schlanbusch tat weiter so, als sei die Suche nach einem Ordner in seinem Schrank wichtiger als das Gespräch mit mir.

»Frau Erkens hat eine Pionierleistung vollbracht, sie gilt als Kapazität auf ihrem Gebiet, da ist es doch naheliegend, dass ...«

»Pionierleistung, gewiss doch«, sagte er zerstreut. »Natürlich,

Sie haben ganz Recht. Es ist durchaus verständlich, dass Sie sich dafür interessieren. Nur kann ich Ihnen leider nicht helfen.« Er zog eine Akte aus dem Schrank und klemmte sie unter den Arm. »Sie wenden sich am besten direkt an Herrn Senator Schönfelder.«

»Aber es war doch Ihre Abteilung, Herr Doktor ...«

»Sie sprechen zu Recht in der Vergangenheit, Fräulein Stevenson. Da meine dienstlichen Verpflichtungen, im Gegensatz zu denen von Frau Erkens, dennoch nicht beendet sind, muss ich mich jetzt leider um wichtigere Angelegenheiten kümmern.« Er deutete ins Nebenzimmer, um mir den Vortritt zu lassen.

Die Blonde schaute mich mitleidig an. Einen Moment lang war ich fassungslos. Wie konnte er mich derart abkanzeln? Ich war doch die offizielle Abgesandte einer bedeutenden internationalen Organisation!

»Sagen Sie Campe Bescheid, dass ich auf dem Weg bin«, sagte Schlanbusch zu seiner Sekretärin, die sofort zum Hörer griff.

Zu Hause hieß es immer, »schick Jenny hin«, wenn es darum ging, besonders harte Nüsse zu knacken. Aber hier, im fremden Land ...

»Das trifft sich gut«, sagte ich eifrig. »Herrn Campe wollte ich ohnehin aufsuchen.«

Schlanbusch, der schon das Vorzimmer durchquert hatte, wandte sich noch mal um: »Fräulein Stevenson, wenn ich bitte Ihren Dienstgrad erfahren dürfte!«

»Inspector Stevenson, Sir.«

»Fräulein Inspektor, ich möchte Sie dringend bitten, sich Ihrem Rang entsprechend zu benehmen. Sollten Herr Polizeipräsident Campe oder ich die Notwendigkeit sehen, Sie sprechen zu wollen, werden wir Ihnen das mitteilen! Ansonsten kann ich Ihnen nur raten, sich persönlich an den Senator zu wenden. Er trägt die politische Verantwortung.«

Er verließ das Büro und durchmaß mit weit ausholenden

Schritten den Korridor, bevor er um die nächste Ecke verschwand.

Die Sekretärin war rot geworden und stammelte: »Das tut mir leid, Fräulein Inspektor.«

»Bei uns geht's auch nicht anders zu.«

»Kann ich Ihnen weiterhelfen?«, fragte sie.

»Wer kommt denn als Nächstes hinter Schlanbusch in der Hierarchie?«

»Dr. Blecke ist sein Stellvertreter. Sein Büro ist gegenüber.«

»Danke.«

Ich war noch keine zwei Schritte aus Schlanbuschs Vorzimmer getreten, als Berta Winter neben mir auftauchte.

»Fertig?«, fragte sie.

Bis jetzt hatte ich doch noch gar keine Gelegenheit gehabt anzufangen.

»Ich klopfe mal dort drüben an.«

»Ach so.« Berta blieb stehen.

Ich hätte nichts dagegen gehabt, dass sie mich begleitet. Aber sie zog es vor, weiter im Hintergrund zu bleiben.

Dr. Blecke sprang von seinem Schreibtisch auf, als er hörte, wo ich herkam, und schüttelte mir die Hand. Er war noch recht jung, konnte kaum dreißig Jahre alt sein. Seine Hände waren glatt und manikürt, das Haar allerdings war schon etwas schütter geworden. In fehlerfreiem Englisch bot er mir einen Stuhl an, rückte sich einen zweiten zurecht und machte Konversation. Auf das eigentliche Thema kam er nicht zu sprechen. Wenn ich versuchte, es anzuschneiden, lenkte er ab und fragte mich über meine Arbeit in London aus. Er wand sich wie ein Aal, bis ich es andersherum versuchte. Ich bat ihn, mir einen Termin bei Senator Schönfelder zu verschaffen.

»Ausgeschlossen!«, sagte er. »Sie sind zu einem denkbar ungünstigen Zeitpunkt in die Stadt gekommen. In acht Wochen wird die Bürgerschaft neu gewählt!«

Er begann, mir die schwierigen Machtverhältnisse in der

Stadt auseinanderzusetzen, klagte über den wachsenden Einfluss der Kommunisten und Nationalsozialisten und die vielen gewalttätigen Kundgebungen. Irgendwie gelang es mir dann doch noch, das Gespräch wieder auf das eigentliche Thema zu lenken.

»Der Fall Erkens?«, sagte er. »Hier geht es doch nur noch um beamtenrechtliche Aspekte. Es handelt sich um ein ganz gewöhnliches Disziplinarverfahren ...«

Wieso dann trotzdem die ganze Abteilung aufgelöst werden musste, wollte ich fragen, da wurde die Tür aufgerissen, und die blonde Sekretärin aus Schlanbuschs Büro hastete herein.

»Entschuldigen Sie bitte, Herr Dr. Blecke, aber es ist ...«

»... hoffentlich dringend.« Blecke rückte amüsiert die Brille zurecht.

»Ja, das Büro von Senator Schönfelder hat angerufen ...« Sie blickte auf mich, unschlüssig, ob sie weitersprechen durfte, und strich sich nervös den Rock glatt. »Frau Erkens ...«

»Ja?«

»... ist in den Hungerstreik getreten.«

Dr. Blecke starrte sie eine Weile schweigend an, runzelte die Stirn und schüttelte ganz sachte den Kopf. »Diese Frau ist eine wahre Zumutung.«

Die Sekretärin beugte sich vor und senkte die Stimme: »Außerdem ist da noch ...«

Sie brach ab. In der Tür erschien eine merkwürdige Gestalt. Zuerst hielt ich sie für einen jungen Mann, aber es war eine Frau in Anzug und Herrenmantel, mit einer Schiebermütze, unter der schwarze Locken hervorquollen.

»Wo ist Schlanbusch?«, fragte sie mit rauchiger Stimme.

Dr. Blecke sprang auf. »Was wollen Sie denn hier? Scheren Sie sich raus! Auf der Stelle!«

Die junge Frau grinste. Recht überheblich, wie mir schien.

Mit einem Aufschrei sprang die Sekretärin zur Tür, knallte sie zu und blieb wie ein Wachposten davor stehen. Es wirkte so linkisch, dass ich beinahe gelacht hätte.

»Danke«, sagte Dr. Blecke ernst. »Miss Stevenson, ich fürchte, ich kann jetzt nichts weiter für Sie tun. Unter den gegebenen Umständen muss ich Sie bitten zu gehen ...«

Als ich in den Flur trat, war der Lockenkopf mit der Schiebermütze verschwunden. Nur Berta Winter stand brav da und wartete auf mich.

»Weißt du, wo Frau Erkens wohnt?«, fragte ich.

»Nicht genau.«

»Dann versuch doch bitte, es herauszufinden.«

Berta blieb unschlüssig stehen. Aber ich hatte schon etwas über die hiesigen Verhältnisse gelernt.

»Welchen Dienstgrad hast du, Berta?«

»Kriminalobersekretärin.«

»Als Inspektorin bin ich dir übergeordnet. Also finde jetzt die Adresse heraus, ja?«


– 3 –


Vor der Haustür stand ein Polizeiposten. Auf dem Gehweg wartete ein gutes Dutzend Personen, Männer mit hochgeschlagenen Mantelkrägen. Ihr dampfender Atem vermischte sich mit Zigarettenrauch. Wir wurden gemustert, taxiert, argwöhnisch beäugt, man versuchte, uns einzuordnen.

Der Polizist fragte, ob wir im Haus wohnten. Berta Winter zeigte ihre Polizeimarke und erklärte, wer ich sei. Er schien das nicht ganz zu verstehen und zögerte, uns einzulassen. Als sie meinen Dienstgrad nannte, nahm er Haltung an, als sie den Namen Dr. Schlanbusch erwähnte, öffnete er die Tür und ließ uns ins Treppenhaus.

Wir kamen nur bis vor die Wohnungstür. Auch hier wieder ein Polizist.

»Die Klingel ist abgestellt. Klopfen nützt nichts.«

Über dem Briefschlitz ein Messingschild: J. Erkens, Reg.-Rat.

»Aber die Dame ist extra aus England gekommen«, versuchte Berta Winter sich für mich einzusetzen. »Sie gehört zur internationalen Vereinigung der Polizistinnen. Frau Erkens ist dort Mitglied. Sie wird sicherlich ein großes Interesse haben, mit der Inspektorin zu sprechen.«

Dieser Polizist war nicht so leicht zu beeindrucken. »Die Ärztin hat jeden Besuch untersagt. Wenn Sie zu lange klopfen oder zu laut, muss ich einschreiten. Frau Regierungsrätin Erkens muss das Bett hüten. Sie ist geschwächt.«

Wir klopften an die Tür, aber es tat sich nichts.

»Wer ist sonst noch bei ihr?«

Der Polizist schwieg.

»Sind Sie ihre Leibgarde oder ihr Gefängniswärter?«, fragte ich.

»Ich bin hier, um Aufruhr zu vermeiden.«

»Wo sehen Sie denn Zeichen für einen Aufruhr?«

»Die Presseleute draußen. Die Meute war schon hier oben. Wir haben sie rausgeschafft.«

»Zu zweit?«

Er schaute demonstrativ nach oben. Ich folgte seinem Blick und entdeckte ein Stockwerk höher vier weitere Köpfe mit Tschakos, die auf uns herabblickten.

»Ihre Chefin wird ja gut bewacht«, sagte ich zu Berta.

»Sie ist nicht mehr meine Chefin«, entgegnete sie barsch.

Wir stiegen nach unten. »Bezeichnend, dass sie nur Männer zu ihrer Bewachung eingeteilt haben«, stellte ich fest.

Berta schwieg. Wir traten nach draußen, und wieder nahm der Posten Haltung an.

Die Reporter sahen uns und rückten auf uns zu. Aber es war allen klar, dass wir in der kurzen Zeit nicht viel erreicht haben konnten.

»Auch wieder Männer. Im Belagern sind sie wirklich gut«, sagte ich.

Berta schaute mich verständnislos an.

In diesem Moment entdeckte ich ein Gesicht in der Gruppe, das mir bekannt vorkam. Ein hübsches Gesicht, wie ich jetzt feststellte, auch wenn es recht burschikos eine Zigarette paffte. Flüchtig betrachtet war sie von den Männern kaum zu unterscheiden. Aber es war die junge Frau mit den schwarzen Locken, die im Stadthaus nach Schlanbusch gefragt hatte. Sie drängte sich zwischen den anderen hindurch, um zu uns zu gelangen. Man ließ sie gewähren.

»Wer sind Sie eigentlich?«, fragte sie, als sie mir gegenüberstand.

Berta trat einen Schritt zurück und suchte Schutz hinter meinem Rücken.

Die Frau mit der Schiebermütze war ein bisschen größer als ich, aber kleiner als die meisten der umstehenden Männer.

»Mein Name ist Jennifer Stevenson. Ich bin Polizeiinspektorin aus London.«

Und schon hatten die meisten Reporter ihre Notizblöcke und Bleistifte gezückt. Sie nicht. Sie warf dem neben ihr stehenden untersetzten Kollegen einen abschätzigen Blick zu, als könne sie nicht glauben, dass es etwas Wichtiges zu stenografieren gab.

»Darf man fragen, was Sie hier zu suchen haben?«

»Diese Frage gebe ich gern an Sie zurück.«

Sie zog an ihrer Zigarette und paffte mir den Rauch ins Gesicht. »Wir tun unsere Arbeit. Wir suchen nach der Wahrheit ... oder was wir dafür halten ...«, sie deutete auf den kleinen Dicken neben sich, »... oder was wir dazu machen«, sie zeigte auf einen hageren Mann mit dünnem Oberlippenbart, der verächtlich auf sie herabsah.

»Sie werden es schon noch lernen«, sagte er.

»Was denn bitte?«

»Dass Röcke besser zu Frauen passen als Hosen.« Er deutete zum Haus von Frau Erkens. »Man sieht ja, was geschieht, wenn Frauen Männerrollen übernehmen. Sie brechen zusammen. Frau Erkens ist das beste Beispiel. Da können Sie sehen, wohin es führt. Sie werden genauso enden.«

»Sie haben wirklich eine reizend ungelenke Art, vom wahren Sachverhalt abzulenken«, entgegnete sie.

»Der wahre Sachverhalt«, erklärte der Dicke neben ihr, »ist ja wohl, dass es sich bei der Weiblichen Kriminalpolizei um eine Art Selbstmörderklub gehandelt hat. Erst gehen zwei ins Wasser, und dann fängt die dritte an, sich totzuhungern.«

»Ich würde mal eher sagen, dass es sich bei der Schönfelder-Polizei um einen Mörderklub handelt«, rief sie laut aus.

Der Dicke lachte vor sich hin: »Jetzt geht das wieder los.«

»Ich verbitte mir derart beleidigende Bemerkungen!«, sagte ein anderer Mann, der als einziger unter den Reportern keinen Hut, sondern eine Mütze trug – genau wie die streitlustige junge Frau. »Bei den Todesfällen auf Pellworm im letzten Jahr handelte es sich eindeutig um Selbsttötungen.«

»Na bravo, Genosse Einfalt, du hast wohl den geheimen Obduktionsbericht gelesen?«

»Es gibt doch keinen geheimen Obduktionsbericht!«

»Nee? Also gibt es gar keinen.«

»Was spielt denn das für eine Rolle? Ich kann eins und eins zusammenzählen. Im Übrigen ist die Sache längst ad acta gelegt.«

»Unter den Teppich gekehrt! Hat es eine polizeiliche Ermittlung gegeben? Nein! Wurden die Widersprüche aufgeklärt? Nein! Wurden die Hintergründe aufgedeckt? Nein!«

»Welche Hintergründe denn?«

»Die wahren Motive, warum die beiden Frauen auf Pellworm ermordet wurden!«

»Ermordet? Sie machen sich ja lächerlich.«

»Lächerlich machen sich die Abgeordneten Ihrer Partei im Polizeiuntersuchungsausschuss der Bürgerschaft. Lächerlich machen sich Schönfelder und Campe, die die ganze Zeit verzweifelt versuchen, die Wahrheit zu vertuschen. Und das Ergebnis dieser feigen Politik ist, dass wir jetzt bald ein drittes Opfer zu beklagen haben! Und wer lacht sich ins Fäustchen?

Dr. Schlanbusch und seine Hintermänner, die in Wahrheit die Polizeibehörde unter Kontrolle haben.«

»Jetzt machen Sie aber mal einen Punkt!«

»Der Punkt, Genosse Sozialfaschist, ist, dass ...«

»Nehmen Sie das zurück!«

»Nein.«

»Doch! Auf der Stelle!«

Der Dicke neben mir lachte: »Die *Volkszeitung* und das *Echo*. Wie Hund und Katze, hm?«

»Was ist denn mit den beiden?«

»Enttäuschte Liebe, könnte man sagen.«

»Wohl eher Inzucht«, kommentierte der Hagere, »die beiden kommen doch aus demselben Stall.«

»Nimm es zurück!«, schrie der Mann mit der Mütze und hob drohend die Faust.

»Na los!«, rief die Frau. »Auf Arbeiter einschlagen, das könnt ihr doch! Auf Arbeiterinnen, das wäre ja noch mal eine Steigerung!«

Wer weiß, wie der Streit geendet hätte, wenn nicht im zweiten Stock ein Fenster aufgegangen wäre.

»Frau Erkens will eine Erklärung abgeben!«, rief eine ältere Dame mit dünner Stimme den Reportern zu. Vielleicht war das ja die Ärztin, die sich um sie kümmerte.

Alle rannten zur Haustür, schoben den Polizisten beiseite und drängten ins Treppenhaus. Ich wollte schon hinterher, da hielt die Frau mit der Schiebermütze mich zurück.

»Wieso gehen Sie nicht auch rein?«, fragte ich verwundert.

»Ich hab die Erklärung schon in der Tasche. Genauer gesagt liegt sie bereits in der Redaktion. Noch genauer: Sie ist gesetzt und druckfertig. Ich habe letzte Nacht ein langes Gespräch mit Frau Erkens geführt.«

»Was tun Sie dann noch hier?«

Sie lachte. »Auf die Kollegen aufpassen. Jetzt müsste ich allerdings mal dringend telefonieren. Kommst du mit?«

Ich war überrascht über den freundschaftlichen Ton.

»Ich sollte es wohl noch mal bei Frau Erkens versuchen ...«

»Zwecklos, die Ärztin wird niemanden zu ihr lassen. Sie wird die Erklärung verlesen und das war's dann. Die Details bringen wir ab morgen in der *Volkszeitung*.«

»Und wieso spricht sie ausgerechnet mit Ihnen?«

»Wir sind die Einzigen, denen Frau Erkens noch vertraut. Die anderen Zeitungen kuschen vor dem Senat oder sind ihr feindlich gesonnen. Nicht mal das *Echo* meint es ehrlich mit ihr, dabei ist sie SPD-Mitglied. Man sieht, wie verrottet die Moral dieser Hilfstruppe des Großkapitals ist.«

Ich schüttelte den Kopf. »Ich glaube nicht, dass ich jetzt eine politische Diskussion führen möchte.«

Die Augen unter dem Mützenschirm funkelten angriffslustig. Dann hellte sich ihr Blick auf. »Das ist schade. Ach, übrigens, ich bin Klara.« Sie hielt mir eine Hand hin. »Klara Schindler, Reporterin für die *Hamburger Volkszeitung*.«

Ich gab ihr ebenfalls die Hand.

»Und jetzt gehen wir was trinken. Da vorn ist eine Kneipe, die haben auch Telefon.«

Ich zögerte. Sie war offensichtlich eine Kommunistin. Doch meine Neugier siegte, und ich entschloss mich mitzukommen.

Sie nahm die Mütze ab, strich sich die lockigen Haare hinter die Ohren und sagte: »Ich mag deinen Akzent.«

Erst als wir vor dem Eingang des Bierlokals standen, merkte ich, dass ich Berta ganz vergessen hatte. Sie war hinter uns hergelaufen und kam nun mit hinein.

»Schoßhund oder Wachhund?«, flüsterte Klara Schindler mir ins Ohr und tat dann so, als sei nichts gewesen.

– 4 –

Berta behielt den Mantel an, rutschte auf der Bank so weit
wie möglich von Klara weg und blickte missbilligend drein,
als wir Bier bestellten. Der Wirt schaute sie fragend an, aber
sie schüttelte den Kopf.

»Ein Wartesaal ist das hier nicht, Fräulein«, sagte er darauf-
hin, und sie ließ sich eine Fassbrause bringen.

»Was war denn das für eine Bemerkung, es handle sich um
Mord?«, fragte ich.

Klara Schindler nahm ihre Mütze ab und versuchte, sie über
den Haken zu werfen, an den sie ihren Mantel gehängt hatte. Die Mütze verfehlte knapp das Ziel und fiel auf die Bank.

»Was soll's«, murmelte sie und kramte in ihrem Jackett nach
einem Zigarettenetui. Ich starrte ihre Krawatte an. Sie war
knallrot und sehr locker gebunden. Ihr weißes Hemd war
nicht ganz zugeknöpft. Unglaublich. Mein Vater hätte gesagt: Solche Frauen gehören verhaftet!

»Auch eine?« Klara hielt uns das Etui hin. Wir schüttelten
beide den Kopf. »Euch entgeht was, ich bin sonst nicht so
spendabel.« Sie zündete sich die Zigarette an und blies den
Rauch wieder in meine Richtung. Anmaßend und unhöflich.

Einen Moment lang schaute sie dem Rauch zu, der von ihrer Zigarettenspitze aufstieg, und begann dann: »Es war im
letzten Juli. Die Zeitungen waren voll davon. Alle schrieben
sich die Finger wund, und keiner wusste was Genaues.« Unvermittelt starrte sie Berta an. Die zuckte ein wenig zusammen. »Waren Sie bei der Frauenpolizei?«

Berta nickte.

»Dann wissen Sie vielleicht mehr als ich und können mich
korrigieren.«

»Ich habe mich nicht sehr mit dem Fall beschäftigt«, sagte
Berta leise.

»So?« Klara wandte sich an mich: »Aber du bist doch wegen

**27**

dieser Geschichte hier, stimmt's? Der Fall Erkens und die Toten von Pellworm, das hängt doch zusammen.«

Ich nickte und fragte mich, warum sie Berta siezte und mich nicht.

»Am 10. Juli letzten Jahres«, fuhr Klara fort, »wurde gemeldet, dass zwei Angehörige der Weiblichen Kriminalpolizei am Strand von Pellworm tot aufgefunden wurden. Am 11. Juli wurden die beiden Toten schon beerdigt. Nicht in Hamburg, wo sie gewohnt und gearbeitet hatten, sondern auf der Insel. Ziemlich hastig, würde ich sagen. Wenn man bedenkt, was für seltsame Gerüchte über die Todesumstände in Umlauf waren, muss man sich doch sehr wundern.« Sie machte eine Pause, um nach ihrem Bierglas zu greifen.

Durch das Fenster sahen wir, wie die Journalisten wieder aus dem Haus von Frau Erkens kamen und sich voneinander verabschiedeten.

»Na, bitte«, stellte Klara Schindler fest. »Eine kurze Erklärung und fertig. Nun können die Herren ihre Meldungen dichten und die Details morgen der *Volkszeitung* entnehmen.«

»Sie sprachen von seltsamen Gerüchten«, drängte ich.

Klara lachte kurz. »Wenn man die Artikel von damals liest, kann man zu der Überzeugung kommen, die beiden seien mehrmals ums Leben gekommen. Sie sollen ins Watt gelaufen sein und sich mit ihren Dienstpistolen umgebracht haben.«

»Wir hatten doch gar keine Pistolen!«, unterbrach Berta sie.

»Ich weiß. So stand es aber in mehreren Zeitungen, sogar in einigen aus Berlin, München und Köln. Andere berichteten, die beiden hätten sich aneinandergefesselt, um gemeinsam zu ertrinken. Ein eigenartiges Bild, oder? Zwei Menschen stehen gefesselt im Watt und warten auf die Flut ... Dann hieß es auf einmal: vergiftet. Fährt man ans Meer, um sich zu vergiften? Kann man das nicht genauso gut zu Hause erledigen?«

»Wie abfällig Sie darüber reden.« Berta schüttelte den Kopf.

»Ach was! Die Toten haben meine Sympathie. Sie sind Opfer der katastrophalen Zustände in der Schönfelder-Polizei. Zwei Polizistinnen bringen sich um, angeblich, weil sie ihre Arbeit nicht mehr ertragen können? Das müssen ja tolle Verhältnisse gewesen sein in dieser Behörde! Aber wie bringt man sich zu zweit um, gefesselt, mit Pistolen, im Watt ertrinkend, nachdem man Gift genommen hat?«

»Das ist ja widerlich, wie Sie sich darüber lustig machen«, sagte Berta.

»Widerlich ist, dass alles vertuscht wurde! Sie waren doch in der Nähe, erzählen Sie mal, was Sie wissen.«

»Ich weiß nichts«, sagte Berta Winter.

»Den Satz habe ich doch schon mal gehört, oft sogar. Man arbeitet jahrelang zusammen, zwei bringen sich um, und dann weiß keiner was?«

»Ich habe mit den beiden nicht gearbeitet.«

Klara Schindler drückte zornig ihre Zigarettenkippe aus. »Nein? Frau Dopfer war doch die Stellvertreterin von Frau Erkens, und da hatten Sie nichts mit ihr zu tun?«

»Nein, jedenfalls nicht direkt.«

»So, so. Sie sind ja treu und brav Ihrem Dienstherrn ergeben.«

Berta sprang wütend auf. »Ich verbitte mir solche Bemerkungen!« An mich gewandt, sagte sie: »Ich werde jetzt gehen!«

»Ich komme gleich nach.« Sie hatte nicht erwartet, dass ich bleiben wollte. Einen Moment lang zögerte sie, dann ging sie nach draußen.

»Die Fassbrause musst du dann wohl bezahlen«, stellte Klara lächelnd fest.

»Was wissen Sie denn noch über die beiden Toten?«, fragte ich.

»Das, was alle wissen, und das ist nicht viel. Schlanbusch, die alte Pickelhaube, hat seinen Untergebenen den Mund verboten und alles schön unter Verschluss gehalten. Angeblich hat er einen Abschiedsbrief von den beiden bekommen, aber den hat nie jemand gesehen. Es hieß auch, sie hätten vor ihrem Abgang in der Dienststelle alles kurz und klein gehauen, eine Schlägerei habe es gegeben ... Aber warum interessiert dich das eigentlich?«

»Viele Polizistinnen in England und Amerika machen sich Gedanken über das, was hier vorgefallen ist.«

»Wenn du wirklich etwas herausfindest, wirst du in Schwierigkeiten kommen.«

»Das schreckt mich nicht.«

Sie hob ihr Glas und forderte mich auf, mit ihr anzustoßen. Dabei schaute sie mich amüsiert an. Es war ja auch eigenartig, dass ich, kaum in Deutschland angekommen, mit einer Kommunistin Bier trank.

»Wo kommst du her? Aus London?«

»Da arbeite ich jetzt. Eigentlich bin ich Schottin. Aus Glasgow.«

»Eine Schottin aus Glasgow wird Polizistin in London?« Sie schüttelte den Kopf. »Hättest du dir nichts Besseres aussuchen können?«

»Wieso? Was gibt es dagegen zu sagen? Es ist wichtig, dass Frauen endlich für diesen Dienst zugelassen werden!«

»Na ja, wichtiger wäre es, die Welt zum Guten zu verändern, und nicht mitzuhelfen, die schlechten Verhältnisse zu schützen.«

»Aber wir verändern die Welt zum Guten, wenn Frauen dort eingreifen, wo Männer bislang das Wort geführt haben.«

Klara Schindler kniff die Augen zusammen. »Sind die Männer so schlecht?«

»Das habe ich damit nicht gesagt.«

»Aber ja.«

»Ach, Unsinn, darum geht es doch gar nicht«, sagte ich und dachte etwas ganz anderes: Ich war auch vor meinem Vater geflüchtet. Nicht weil er ein böser Mensch war, nein, weil er es zu gut mit mir meinte. Such dir einen Mann, Jenny, einen, der später mal das Geschäft übernehmen kann, dann hast du ausgesorgt. Und was ist, wenn es so einer ist wie der, den Tante Elsi abgekriegt hat?

»Warum schüttelst du den Kopf?«, fragte Klara.

Ich zuckte zusammen.

Direkt vor unserem Fenster tauchte das Gesicht von Berta auf. Ungeduldig starrte sie herein.

»Der Wachhund«, sagte Klara.

»Ich muss dann wohl los.« Ich trank aus und nahm meinen Mantel vom Haken.

»Musst du?«

»Ich kann sie doch da nicht stehen lassen. Ich bin bei ihr einquartiert. Sie führt mich herum.«

»Als Agentin von Schlanbusch, jede Wette.«

»Was soll das denn heißen?«

»Dass du nicht weit kommen wirst, wenn du dich bei deinen Nachforschungen führen lässt.«

»Aber ich kann doch als Britin nicht ohne Genehmigung in einer deutschen Polizeibehörde Fragen stellen.«

»Tja, da liegt der Hase im Pfeffer. Andererseits ... musst du als Ausländerin nicht so viel Rücksicht nehmen.« Sie musterte mich unverhohlen. »Und so wie du aussiehst, wirst du das vielleicht auch nicht tun.«

Berta klopfte gegen das Fenster und winkte mich heraus.

»Also dann ... Hat mich gefreut, Ihre Bekanntschaft zu machen.«

»Wenn du Frau Erkens helfen willst, musst du dich mit uns zusammentun. Lass von dir hören. In der Redaktion wissen sie immer, wo ich zu erreichen bin. Würde mich sehr freuen, Konstabler.«

»Inspektor.«

»Ich bin beeindruckt.« Sie verneigte sich ironisch.

Draußen das empörte Gesicht von Berta Winter. Um sie herum wirbelten Schneeflocken.

»Das Gespräch war doch nicht uninteressant«, stellte ich fest.

»Allerdings!« Sie warf einen kurzen angewiderten Blick

durchs Fenster zurück in die Kneipe, wo Klara Schindler sich gerade eine weitere Zigarette anzündete. »Dass die Erkens sich jetzt mit den Kommunisten gemein macht, ist eine Ungeheuerlichkeit!«

»Ich vermute, es gibt keine kommunistischen Polizisten?«

»Gott bewahre! Da wären mir die Nazis ja noch lieber. Die haben wenigstens Respekt vor dem Staat. Kommunistische Polizisten, wie sollte das denn gehen? Die würden ja beim nächsten Arbeiteraufstand ihre Gewehre der Rotfront übergeben!«

– 5 –

Wieder in den Korridoren des verwinkelten Stadthauses. Ich hätte das Bier nicht trinken sollen. Nun fiel es mir schwer, einen klaren Kopf zu behalten. Eine Regierungsrätin im Hungerstreik? Eine hohe Polizeibeamtin, die mit den Kommunisten paktiert? Was ging da eigentlich vor? Was hatten die Toten von Pellworm damit zu tun? Waren sie wirklich der Grund dafür, dass es in Hamburg keine weibliche Kriminalpolizei mehr gab? Wieso auf einmal dieser kalte Hauch von Intrige? Eine Andeutung von – Mord? Mit diesen wirren Gedanken im Kopf saß ich auf einer Bank zwischen zwei Säulen in dem weitläufigen Treppenhaus und wartete.

Berta, die auf dem Weg sehr einsilbig gewesen war, hatte sich entschuldigt, sie müsse nur kurz etwas erledigen. Sie kam dann missmutig dreinblickend zurück, bemühte sich aber um gute Laune und bot an, mir die gesamte Polizeizentrale zu zeigen. War das eine Anordnung ihrer Vorgesetzten, um mich abzulenken?

Ich stimmte zu, um Zeit zum Nachdenken zu gewinnen. Sie zeigte mir die Fernsprech- und Telegrafenzentrale (erstere eine weibliche, letztere eine männliche Domäne), die Bibliothek, mehrere Sitzungsräume, die Kanzlei mit zahllosen klappernden Schreibmaschinen (dahinter nur Frauen, natürlich), die Registratur mit Verbrecherkartei (endlose Reihen von Kästen, in denen Mordlust, Gier, Hinterlist und das Böse an sich katalogisiert wurden), Botenmeisterei, Büromaterialverwaltung (öde, öde) – treppauf, treppab, durch endlose Gänge – und schließlich landeten wir ganz oben im Dachgeschoss in der Photographischen Anstalt, wo die Bohème der Polizei mit großer Hingabe an Schurkenporträts und Tatort-Stillleben arbeitet.

Die Führung dauerte sehr lange und irgendwann taten mir vom Treppensteigen die Beine weh, aber mein Kopf war wieder frei. Berta, jetzt sichtlich erschöpft, machte den Vorschlag, es für heute gut sein zu lassen, sie hätte ohnehin Dienstschluss. Aber sie hatte sich in mir getäuscht.

»Ich habe da noch ein paar Fragen zum Fall Erkens.«

»Oh«, sagte Berta.

»Ich muss noch mal mit Dr. Schlanbusch reden.«

»Ich weiß nicht, ob das …«

»Versuchen wir es doch einfach, Berta!«

Dr. Schlanbusch sei nicht da, hieß es.

»Ein andermal«, sagte Berta, »dann können wir ja jetzt …«

»… zum Polizeipräsidenten, wie heißt er noch? Campe?«

Berta zuckte zusammen. »Der wird wohl kaum Zeit für uns haben.«

Sie hatte Recht.

»Also Dr. Blecke!«, entschied ich.

Seufzend brachte sie mich zu seinem Büro. Dann erklärte sie, sehr bestimmt, als hätte sie eine lang erwogene Entscheidung getroffen: »Ich gehe jetzt telefonieren.«

Das war mir nur recht.

Dr. Blecke schien irritiert, dass ich ihn schon wieder aufsuchte. Kaum saß ich vor seinem Schreibtisch, entschuldigte er sich kurz nach draußen und kam wenig später mit entschlossener Miene zurück. Hatte er sich Instruktionen geholt? Mir fiel auf, dass er eine eigenartige Haut hatte. Sein Gesicht wirkte rau und porös, als wäre es aus Sandstein modelliert.

Er nahm wieder Platz und rieb sich nervös die Hände. »Es ist schwierig, Ihrem Wunsch nach Auskunft zu entsprechen, in dieser Lage. Die Sache mit Frau Erkens erfordert Fingerspitzengefühl. Aber keine Sorge, wir werden sie schon von dieser Unvernunft abbringen.«

»Vielleicht benimmt sie sich unvernünftig, wie Sie sagen, weil sie erkannt hat, dass vernünftiges Handeln ihr nicht mehr helfen kann.«

»Aber ich bitte Sie, ein Hungerstreik, das ist doch unwürdig.«

»Unwürdig ist auch, dass Sie sie praktisch unter Arrest gestellt haben.«

»Arrest? Aber nein! Sie kann ihre Wohnung jederzeit verlassen und beispielsweise ein Speiselokal aufsuchen.« Er lachte verschämt über seinen dummen Witz.

»Frau Erkens scheint den Hungerstreik als letzte Möglichkeit zu sehen, sich gegen einen ungeheuerlichen Verdacht zu verteidigen.«

»Welchen ungeheuerlichen Verdacht?«

»Sie werfen ihr doch vor, sie habe Therese Dopfer und Maria Fischer in den Tod getrieben.«

»Wie kommen Sie denn darauf? Davon kann doch gar keine Rede sein! Es wurde lediglich ein Disziplinarverfahren gegen sie angestrengt, übrigens auch auf ihren eigenen Wunsch, weil sie sich dienstlicher Verfehlungen schuldig gemacht hat.«

»Welcher Art?«

»Das wird zurzeit geprüft. Sie hat sich ihren Vorgesetzten widersetzt und Anweisungen nicht ausgeführt. Sie hat Regeln missachtet und eigenmächtig gehandelt.«

»Zum Beispiel?«

»Die Beispiele werden vor der Disziplinarkammer erörtert, nicht in der Öffentlichkeit.«

Granit, dachte ich. Der Mann sieht nach Sandstein aus, aber du beißt auf Granit. Ich musste es anders versuchen.

»Herr Dr. Blecke, wieso wurden die beiden toten Polizistinnen auf Pellworm beerdigt und nicht in Hamburg?«

Er stutzte. »Was wollen Sie damit andeuten?«

»Es ist nur eine Frage.«

»Fräulein Stevenson, Sie sind selbst Polizistin, ich muss Ihnen nicht beschreiben, in welchem Zustand sich Leichen befinden, die tagelang in der Sommerhitze am Strand gelegen haben, oder?«

»Sie lagen tagelang am Strand? Tot?«

»Ganz recht. Im Juli. Es war nur gut, dass sie so schnell wie möglich unter die Erde kamen.«

»Dann stimmt es also, dass es keine Obduktion gab?«

»Wie kommen Sie denn darauf? Selbstverständlich ... Es gibt doch Vorschriften, die eingehalten werden müssen.«

»Dann könnte ich den Bericht sicherlich einsehen?«

»Sie haben doch gar keine Befugnis.«

»Als offizielle Repräsentantin der internationalen Vereinigung der Polizistinnen? Ich bin keine Kommunistin, ich arbeite nicht für die Presse, ich bin zur Verschwiegenheit verpflichtet ...«

»Das kann ich nicht allein entscheiden.« Er schaute nachdenklich auf seine Armbanduhr, als wäre ihm gerade etwas in den Sinn gekommen.

Er stand auf. »Ich muss mich da erst mal versichern ...«

Die Tür zum Vorzimmer ließ er offen. Dort sprach er mit seiner Sekretärin, einer älteren Frau, die, nachdem er gegangen war, ihren Stuhl so zurechtrückte, dass sie mich im Auge behalten konnte. Ich lächelte ihr zu. Sie reagierte nicht.

Es dauerte eine ganze Weile, bis er zurück war. Die Sekretärin schaute immer wieder zu ihrer Schreibmaschine. Da war noch viel zu erledigen, aber sie wollte ihren Posten nicht verlassen.

Dr. Blecke kam zurück, warf die Tür hinter sich zu (kurz darauf erleichtertes Klappern der Schreibmaschinentasten) und schaute mich mit einer Mischung aus Triumph und gespieltem Bedauern an.

»Ich kann Ihnen leider keinen Obduktionsbefund vorlegen, Fräulein Inspektor.«

»Also gibt es keinen?«

»Nicht bei uns. Ich hätte es gleich wissen müssen. Die Zuständigkeit. Die preußische Polizei war damit befasst.«

»Welche Dienststelle?«

Sein Gesicht wurde immer poröser. Ich hatte das Gefühl, jeden Moment könnte etwas abbröckeln. »Das ist mir nicht bekannt. Ob in Husum oder Flensburg, das kann ich nicht sagen.«

»Vielleicht könnte man einfach dort anrufen und nachfragen?«

Er blickte zerstreut aus dem Fenster. »Das könnten Sie natürlich tun.«

Damit war eindeutig gesagt, dass er nicht die Absicht hatte, sich in dieser Sache für mich einzusetzen. Niemand hier in der Hamburger Polizeizentrale würde es tun.

»Aber die Todesursache ist Ihnen bekannt.«

»Natürlich, das ist ja kein Geheimnis. Sie haben sich vergiftet.«

»Wie können Sie so sicher sein, ohne Obduktionsbericht?«

»Ich bitte Sie, es stand in allen Zeitungen.«

»In den Zeitungen stand auch etwas von Dienstpistolen ...«

Jetzt wieder Granit. »Die Angehörigen der Inspektion F hatten keine Dienstpistolen!« Er dachte kurz nach. »Nicht einmal Frau Erkens hätte eine haben dürfen.« Die Bedeutung dieses rätselhaften Satzes wurde mir erst später klar.

»Außerdem hieß es, dass sie gefesselt waren, sie seien ertrunken ... das ist doch alles sehr widersprüchlich.«

»Was wollen Sie damit unterstellen?«

»Nichts.«

»Für mich klingt das, was Sie hier vorbringen, sehr stark nach

Propagandabehauptungen ganz bestimmter Kreise, Fräulein Stevenson. Und«, fuhr er fort, »es klingt nach einer abenteuerlichen Theorie. Schlagen Sie sich das aus dem Kopf. Eine Mordthese ist lächerlich. Sie sind doch Polizistin. Sie wissen doch, was es heißt, wenn jemand einen Abschiedsbrief hinterlässt, in dem er seinen Freitod ankündigt.«

»Wer hat ihn geschrieben, Frau Dopfer oder Frau Fischer?«

»Beide natürlich, sie haben beide unterschrieben.«

»Sie haben einen Abschiedsbrief hinterlassen und ein verwüstetes Büro.«

»Da sind Sie im Irrtum. Frau Dopfer und Frau Fischer haben ihre Angelegenheiten in geradezu peinlicher Weise geordnet. Eine typische Verhaltensweise übrigens bei verzweifelten Menschen, die sich nach reiflichem Überlegen zu einer Selbsttötung entschlossen haben.«

»Den Abschiedsbrief würde ich gern mal sehen.«

»Er war an Dr. Schlanbusch adressiert und befindet sich folglich in seiner Verwahrung.«

»Vielleicht könnten Sie ein gutes Wort für mich einlegen.« Unsteter Blick, die Wand hinter mir schien keinen festen Halt zu bieten. »Ich habe keinerlei Einfluss auf Entscheidungen von Dr. Schlanbusch, das müssen Sie verstehen.«

»Ich habe den Eindruck, dass er mir aus dem Weg geht.«

»Das hat er sicherlich nicht nötig.« Er schaute erneut auf die Armbanduhr.

Bleckes Telefon klingelte. Rasch nahm er ab und meldete sich. Dann winkte er mich ungeduldig aus dem Zimmer.

Draußen stand Berta Winter schon bereit. Besonders glücklich schien sie über ihre Rolle als Anstandsdame einer neugierigen Schottin nicht zu sein.

– 6 –

Mein Magen knurrte. Bertas Gesicht hellte sich auf. »Wir sollten etwas essen«, sagte sie.

Zielstrebig ging sie voran und führte mich einige Straßenecken weiter in ein Souterrainlokal mit langen Tischen, vor denen Holzbänke standen. Kohl- und Kartoffeldunst schlug uns entgegen. Stimmengewirr. Ich sah gerade noch, wie zwei Arme uns zuwinkten, dann beschlug meine Brille, und ich stand wie im dichten Nebel. Ich nahm die Brille ab und sah nicht viel mehr.

Vielleicht hatte Berta mein Problem bemerkt. Ich spürte ihre Hand am Oberarm. Sie führte mich zwischen den Bänken hindurch an einen Tisch mit zwei Frauen. Ich musste meine Brille putzen, bevor ich sie anschauen und ihnen die Hand reichen konnte. Berta stellte mich als Kollegin aus England vor. Sie waren beide etwas älter als ich, vielleicht sogar über dreißig.

»Obersekretärin Mergath und Obersekretärin Friedrichs waren schon in den Anfangszeiten bei der Inspektion F. Sie sind jetzt wieder der Fürsorge zugeordnet«, erklärte Berta steif.

Das trifft sich gut, dachte ich, und nahm mir vor, sie auszufragen.

Es war kein besonders feines Lokal. Man legte die Mäntel und Hüte neben sich auf die Bank. Kaum hatte ich mich gesetzt und in Gedanken schon die erste Frage formuliert, standen die beiden auf.

»Jetzt wird es aber Zeit«, sagte Mergath.

Ich wollte sie schon am Ärmel festhalten, weil ich meine Chance, endlich etwas Handfestes zu erfahren, schwinden sah. Gerade noch rechtzeitig, bevor ich mich lächerlich machen konnte, merkte ich, dass sie beide ihre Geldbeutel in den Händen hielten. Sie wollten sich nur etwas zu Essen holen.

Ich folgte ihnen zu einer Klappe, vor der schon andere

Gäste, zumeist Arbeiter in grober Kleidung und einfache Angestellte in abgetragenen Anzügen, standen. Hinter der Klappe werkelten kräftige Frauen im Küchendunst.

Die Kollegin mit den helleren Haaren, Friedrichs, starrte angestrengt auf die Tafel, wo mit Kreide nur sehr wenige Ge-
richte notiert waren. »Was nimmst du?«, fragte sie die dunk-
lere und resoluter wirkende Mergath.

»Bestimmt nicht den Kohleintopf.«

»Also wieder mal Erbsensuppe«, stellte Friedrichs fest.

Wir schlossen uns alle an. Dazu gab es einen harten Kanten
Brot.

Am Tisch begann Mergath, Brotbröckchen in die Suppe zu
werfen. Friedrichs rührte konzentriert. Berta ließ ihren Löffel unangetastet. Ihr Blick irrte unstet zwischen uns hin und
her.

»Vorsicht, heiß!«, warnte Friedrichs lächelnd.

Leider zu spät. Ich verbrannte mir den Mund, weil ich glei-
chermaßen ungeduldig aufs Essen wie aufs Fragenstellen war.

Berta half mir, einen Anfang zu finden. »Fräulein Stevenson
wurde von der internationalen Organisation der Polizistinnen geschickt, um herauszufinden, was aus unserer weiblichen Kriminalpolizei geworden ist.«

»Da ist sie leider zu spät dran«, sagte Mergath.

Friedrichs pustete auf ihren Löffel.

»Genau genommen, möchten wir gern wissen, wieso die Abteilung so plötzlich aufgelöst wurde«, ergänzte ich.

»Wie sollen wir das denn beantworten?«, sagte Mergath.
»Wir wurden ja nicht gefragt.«

»Die haben uns einfach versetzt, von einem Tag auf den anderen. Das war beschlossene Sache, das haben die Herren
ganz oben ausgekungelt«, sagte Friedrichs.

»Herren hin, Herren her«, sagte Mergath gereizt. »Vielleicht
ging es nicht anders.«

»Schade war es doch«, betonte Friedrichs.

»Und wenn schon. Jetzt machen wir unsere Arbeit eben an

anderer Stelle weiter«, erwiderte Mergath. »Die ganze WKP war doch sowieso nur für die Erkens eingerichtet worden. Die brauchte ein Betätigungsfeld und hat den Schönfelder überredet, ihr eine Abteilung aufzubauen.«

»Es wurde ihr doch angeboten«, widersprach Friedrichs.

»Nachdem sie in Berlin nichts werden konnte, ist sie nach Hamburg gekommen«, sagte Mergath abfällig. »Die Preußen wollten sie nicht, da hat sie dann halt hier den Friedrich Wilhelm gespielt. Sie hat den Marsch geblasen, und Schlanbusch und Campe haben gekuscht. Kommandieren konnte sie, das muss man der Frau lassen.«

Berta rutschte nervös auf ihrem Platz herum.

»Kommandieren gehört dazu in so einer Position«, sagte Friedrichs.

»Na, du bist wohl neuerdings auf ihrer Seite!«, empörte sich Mergath.

»Nein, aber sie tut mir ein bisschen leid. Jetzt sind alle gegen sie. Und sie ist im Hungerstreik. Das sieht doch sehr nach Verzweiflung aus.«

»Zur Verzweiflung hat sie die anderen getrieben.«

»Meinen Sie denn, dass sie am Tod der beiden Beamtinnen schuld ist?«, schaltete ich mich ein.

»Thesy und Maria«, sagte Friedrichs leise. »Das ist jetzt schon über ein halbes Jahr her. Und auch sie tun mir immer noch leid.«

»Sie sind zu dritt nach Hamburg gekommen«, sagte Berta. »Die drei Musketiere, hat jemand am Anfang mal gesagt.«

»Das war der Bannat, der hat doch immer solche Scherze gemacht.« Friedrichs lächelte. Offenbar hatte sie auch gute Erinnerungen an ihre Zeit bei der WKP.

»Mit der Einigkeit war es später nicht mehr weit her«, bemerkte Mergath.

»Aber am Anfang waren alle ein Herz und eine Seele. Das hast du doch gesagt, Berta.«

Sie schien einen Moment ganz in Gedanken gewesen zu sein

und schreckte zusammen, als ich sie ansprach. »Wir waren alle von der großen gemeinsamen Aufgabe beseelt«, gab sie zu. »Besonders natürlich Therese, Maria und Frau Erkens. Zunächst dachte man, die drei kann nichts auseinanderbringen. Da sieht man, wie sehr man sich täuschen kann.«

»Es war keine Täuschung«, meinte Friedrichs. »Wir waren wie eine Familie. Wir als die Kinder, Frau Erkens mehr väterlich, Thesy Dopfer eher mütterlich.«

»Was für ein lächerlicher Vergleich für eine Dienststelle der Polizei«, sagte Mergath.

Friedrichs warf ihr einen beleidigten Blick zu.

»Wo kamen sie denn eigentlich her?«, fragte ich.

»Aus Frankfurt«, sagte Berta. »Da hatte Frau Erkens die beiden zu Kriminalbeamten ausgebildet.«

»Frau Erkens kam eigentlich aus Köln«, ergänzte Mergath. »Da war sie Polizeifürsorgerin. Ihr Engländer habt damals die weibliche Polizei eingeführt. Nach dem Krieg war das bitter nötig. Daraus wurde dann die Frauenwohlfahrtspolizei, und Frau Erkens war die Leiterin. Dann gab es irgendwelche Probleme mit der Sitte, und sie ging.«

»Das alte Problem«, seufzte Friedrichs. »Das kennen Sie vielleicht aus England auch.«

»Weil die Männer das Prinzip der Fürsorge für gefährdete Frauen und Mädchen nicht kapieren wollen!«, ereiferte sich Mergath. »Erst treiben sie die jungen Dinger auf die Straße, vergehen sich an ihnen, und dann stecken sie sie ins Zuchthaus.«

»Na, na«, sagte Friedrichs beschwichtigend.

»Aber es ist doch wahr!«

»Und von Köln sollte Frau Erkens nach Berlin gehen?«, fragte ich.

»Nein, nein«, sagte Mergath. »Erst mal schrieb sie ein Buch über die Weibliche Kriminalpolizei ...«

»Das kenne ich. Sie hat auch in London daraus vorgetragen.«

»So? Na gut. Jedenfalls war sie dann in Frankfurt. Sie machte ihre Prüfung zur Kriminalkommissarin und übernahm die Ausbildung weiblicher Polizisten. Und da hat sie dann Therese Dopfer und Maria Fischer kennengelernt, als Auszubildende.«

»Frau Erkens war immer die Vorgesetzte?«, fragte ich.

»Natürlich. Immer. Sie hat weder einen Mann noch eine Frau über sich geduldet«, sagte Mergath.

»Es war ja auch ihre Abteilung. Man hat sie für sie eingerichtet. Das muss man ja mal zugeben«, meinte Friedrichs.

»Selbstherrlich war sie!«

»Und weil sie so selbstherrlich war, gab es dann Konflikte zwischen den dreien, die sich zunächst so gut verstanden hatten?«, hakte ich nach.

»Vor allem mit Thesy, also Frau Dopfer, ist sie aneinandergeraten«, sagte Friedrichs.

»Weil sie ihre Stellvertreterin war. Wenn Frau Erkens Urlaub hatte oder, was ja auch mehrmals vorkam, vom Dienst suspendiert war, konnte sie schalten und walten wie sie wollte. Kam dann Frau Erkens zurück, hat sie ihr vorgeworfen, sie hätte alles falsch gemacht.«

»Frau Erkens ist mehrfach vom Dienst suspendiert worden?«

»Ja, weil sie sich Dr. Schlanbusch widersetzt hat«, sagte Mergath.

»Sie hat sich widersetzt?«, fragte ich ungläubig.

»Es war wohl eher wegen Dr. Blecke, weil der noch so jung war«, sagte Friedrichs.

»Das war die eine Sache, dass Campe und Schlanbusch verlangt haben, sie müsse Dienstanweisungen von Dr. Blecke ausführen«, erklärte Mergath. »Sie wollte aber nicht jemanden in ihre Abteilung reinregieren lassen. Da hatte sie sich schon gegen Schlanbusch gestellt. Den hätte sie als Vorgesetzten am liebsten weggehabt.«

»Sie wollte ihm gleichgestellt sein«, ergänzte Friedrichs. »Sie wollte die WKP ganz allein leiten, als zweite Stellvertreterin von Präsident Campe. Stattdessen haben sie ihr den Blecke vor die Nase gesetzt.«

»Ein Kampf zwischen der Frauenpolizei und der Männerpolizei?«, fragte ich.

»Sie hätten mal sehen sollen, wie die den Schlanbusch angegangen ist. Wie eine Furie war sie manchmal! Und den Blecke hat sie heruntergeputzt wie einen Schuljungen«, sagte Mergath.

»Und wie haben die Herren sich verhalten?«

»Dr. Schlanbusch ist immer gleich zu Campe gerannt«, sagte Friedrichs.

»Das stimmt aber nicht«, schaltete sich Berta überraschend ein. »Er war sehr geduldig die ersten Jahre. Er hat Frau Erkens sogar gelobt.«

»Das war in den Flitterwochen. Da turtelten sie herum. Sie hat ihm sogar Blumen ins Büro gestellt«, sagte Friedrichs.

»So solltest du nicht über Herrn Dr. Schlanbusch sprechen!«, blitzte Berta sie an.

Friedrichs wurde rot und schaute betreten auf ihren Suppenteller. Mergath lachte: »Es stimmt doch«, und bekam ebenfalls einen bösen Blick von Berta zugeworfen.

»Es war vielleicht einfach nur deshalb, weil Dr. Schlanbusch zu einem bestimmten Zeitpunkt die Aufbauarbeit der Frauenpolizei als abgeschlossen ansah«, sagte Berta. »Wir hatten ja immerhin zwei separate Abteilungen: Fa als die weibliche Kripo und Fb als Gefährdetenpolizei.«

»Das war aufgeteilt?«, fragte ich.

»Ja, das eine als Verbrechensbekämpfung, wenn es um Delikte an Frauen oder von Frauen ging, das andere als eine Art Streifenpolizei der Fürsorge, um Jugendliche, vor allem die Mädchen, vor dem Abgleiten ins Milieu zu bewahren«, erklärte Berta.

»Eben genau das war doch der große Streitpunkt«, warf Mergath ein, »der uniformierte Streifendienst. Die Erkens wollte Uniformen haben, der Schlanbusch nicht.«

»Und Therese auch nicht«, ergänzte Friedrichs.

»Sie hat die Kripo-Abteilung geleitet. Warum sie was gegen den Streifendienst hatte, versteh ich bis heute nicht«, sagte Mergath.

»Der hat doch sowieso der Bindert unterstanden«, ergänzte Friedrichs.

Noch ein Name, den ich mir merken musste. »Wem?«, hakte ich nach.

»Erika Bindert. Die hat die Abteilung Fb geleitet. Das Schätzchen von Frau Erkens«, sagte Mergath abfällig. »Wir haben sie auch die kleine Josephine genannt.«

»Bitte nicht in diesem Ton!«, rief Berta dazwischen.

»Aber es war doch eine Grundsatzfrage«, sagte Friedrichs. »Thesy, ich meine Fräulein Dopfer, wollte auch Streifen zur Erfassung von Schutzbedürftigen, wie wir das offiziell genannt haben. Aber sie wollte keine Uniformen und sie wollte die Erfassung von Gefährdeten auf Schulwegen, beim Spielen, die Beobachtung von Warenhäusern nach diebischen Jugendlichen. Frau Erkens bestand auf dem nächtlichen Absuchen von öffentlichen Anlagen, Plätzen und Lokalen und auf der Überholung von Hotels und Quartieren.«

»Zwei verschiedene Paar Schuhe«, meinte Mergath. »Aber für die beiden war es eins.«

»Therese wollte einfach nicht ständig reingeredet bekommen«, sagte Friedrichs.

»Ich glaube, da ging's um was ganz Anderes«, sagte Mergath. »Die Streitereien fingen nämlich erst an, als Thesy und Maria zusammengezogen sind.«

Berta hob beschwörend die Hand. »Das gehört nun wirklich nicht hierher. Wir wollen doch einer Vertreterin der I.P.A. gegenüber nicht unsere schmutzige Wäsche ausbreiten. Das sind nur Gerüchte.«

Aber Mergath musste unbedingt noch etwas loswerden: »Danach waren sie sich so spinnefeind, dass Therese einmal gegenüber zwei Beamtinnen aus Altona gesagt haben soll, die

Erkens wolle nur nachts auf Streife gehen und Wirtshausbesuche machen, um Männerbekanntschaften zu schließen.«

»Gesagt haben soll!«, rief Berta empört. »Wollen wir unsere Arbeit so erniedrigen? Wollen wir alles in den Dreck ziehen und Gerüchte verbreiten über Menschen, die nicht mehr unter uns sind?«

»Da hast du Recht, Berta«, pflichtete Friedrichs ihr bei. »Über die Toten soll man nicht schlecht sprechen.«

»Noch ist die Erkens ja nicht tot«, erklärte Mergath schnippisch. Es passte ihr gar nicht, dass sie von Berta abgekanzelt worden war. »Aber bitte, wie ihr wollt, ich muss jetzt sowieso los.« Sie warf Berta einen irritierten Blick zu, zog sich an und ging eilig zum Ausgang.

Friedrichs beeilte sich, ihr zu folgen.

Ich wunderte mich weniger über das, was die beiden erzählt hatten – Klatsch und Tratsch gibt es in allen Dienststellen, das kannte ich auch aus London –, als über das Verhalten von Berta. Sie hatte kaum etwas gesagt und wenn, dann nur, um das Gespräch zu bremsen.

Kaum waren Mergath und Friedrichs gegangen, war sie wie verwandelt. Sie legte eine Hand auf meinen Arm und sagte freundlich: »Weißt du, wir sollten Feierabend machen. Komm!«

Die Nacht war hereingebrochen. Sie führte mich durch verwinkelte Straßen, über eine Fleet-Brücke in einen Arkadengang, wo jeder Bogen von einer Reihe Glühlampen erstrahlt wurde. Geschäfte boten teure Mode-Importe, Süßwaren und Südfrüchte an. Nach wenigen Schritten schob sie mich in eine enge Bar.

Wir tranken Weinbrand. Ihre Hand zitterte, als sie lächelnd mit mir anstieß. Sie trank das Glas in einem Zug leer und bestellte ein zweites.

»Ich sehe ihre Gesichter vor mir. Thesy und Maria ... Es ist gerade mal acht Monate her. Jahrelang waren sie da, gehörten zu uns und dann ... weg.«

Ein drittes Glas wurde bestellt und getrunken.

»Ein wenig beneide ich die beiden sogar«, lachte sie verschämt. »Sie sind ja gemeinsam ... hinübergegangen.« Sie schüttelte den Kopf: »Was du dir alles anhören musst.«

Sie zahlte und fasste mich unter. »Komm!«

Neonschriften, Lichterketten und Laternenreihen, bizarre Reflexe auf der halb vereisten Binnenalster. Weißer Atem vor den Mündern der Passanten, blaue Blitze an den Hochspannungsleitungen der Tram, die grellen Scheinwerfer der Limousinen, ein runder leuchtender Pavillon über dem Wasser, stillgelegte Dampfer. Vor einem Kaufhauseingang saß eine magere alte Frau auf einem Klappstuhl, neben sich eine Holzkiste mit Zeitungen. Ich kaufte das *8-Uhr-Abendblatt.*

»Was willst du darin denn lesen?«

»Den Wetterbericht.«

»Es bleibt kalt.« Berta hing schwer an meinem Arm.

»Wir nehmen die Straßenbahn.«


– 7 –


Wieder in Bertas Küche. Eine Flasche Gin stand auf dem Tisch. Ich mochte diesen Schnaps nicht. Onkel Jack trank ihn immer, und wenn er nach Hause kam, schlug er Tante Elsi. Manchmal lief ihr das Blut aus der Nase, trotzdem schaute sie ihn unbewegt an. Es brachte ihn zur Raserei. Ich habe das oft durch den Türspalt beobachtet. Er schrie dann: Nicht mal einen Erben! Was er denn vererben wollte?, fragte ich mich.

Berta umklammerte das Schnapsglas. »Jennifer ist ein schöner Name.« Ihre Zunge war schon schwer. Kurzes verlegenes Lachen. »Therese und Maria auch. Auf sie wollen wir trinken.« Sie hob das Glas.

»Es ist das Einzige, was wir für sie noch tun können!«, rief sie, trank aus und knallte das Glas auf den Tisch.

Ich tat nur so als ob. Mir fielen beinahe die Augen zu.

Berta brütete eine Weile vor sich hin und sagte schließlich: »Sie war wirklich schlimm.«

»Wer, Therese? Oder Maria?«

Sie schüttelte heftig den Kopf. »Die Erkens! Weißt du, was sie zu Dr. Schlanbusch gesagt hat, als der ihr erzählte, dass die beiden auf Pellworm ... gestorben sind?«

»Nein.«

»Sie sagte: ›Nun hat sich das Schicksal, das sich erfüllen musste, erfüllt. Jetzt kann ich mir eine saubere Dienststelle aufbauen.‹ Wie kalt und gefühllos kann denn ein Mensch sein?«

»Warst du dabei, als sie es gesagt hat?«

»Nein.«

»Woher weißt du es dann so genau?«

Sie starrte mich an und kniff die Augen zusammen. »Wieso?«

»Zu wem hat sie es denn gesagt?«

»Na, zu Schlanbusch!«, brauste sie auf.

»Und er hat es weitererzählt?«

Sie schwieg.

»Vielleicht war sie einfach nur aufgewühlt. Es gab Konflikte. Gefühle waren mit im Spiel. Dann passiert das Schrecklichste. Da sagt man etwas, ohne zu wissen, was man redet.«

»Ha!«

»Menschen reagieren eigenartig, wenn sie schwer geprüft werden.«

»Blödsinn! Was weißt du denn davon!«

»Immer noch zu wenig.«

Sie nickte vor sich hin. »Genau. Ich sag dir was: Als Thesy gehört hat, dass sie ihren Posten wieder an die Erkens abgeben muss, weil deren Suspendierung beendet wurde, da ist sie zu Schlanbusch gegangen und hat verlangt, dass man ihr und Maria kündigt. Das hat der Schlanbusch aber nicht gewollt. Sie ist sogar zu Senator Schönfelder und hat um Entlassung gebeten, aber der hat ihr auch zugeredet, sie sollten bleiben. Sie ist dann völlig aufgelöst zurückgekommen, hat ihre Sachen gepackt und ging nach Hause ...« Sie schaute ins Leere.

»Und?«

»Nachdem sie wusste, dass Therese weg ist, hat die Erkens Maria zu sich gerufen. Die ist rein zu ihr und man hörte laute Stimmen, aber niemand konnte was verstehen. Schließlich kam Maria wieder raus, leichenblass, ganz verstört. Sie ist ohne ein Wort gegangen.«

»Und?«

»Was soll denn immer dieses ›und‹? Sie sind nicht mehr zurückgekommen! Es muss etwas ungeheuer Gemeines stattgefunden haben! Und dann hat die Erkens wieder in ihrem Büro gehockt, wo all die Speichellecker ihr Blumen hingestellt hatten. Wie eine Glucke hockte sie da und wollte gleichzeitig auch noch den Hahn spielen!«

»Blumen? Es gab also noch Mitarbeiter, die sie schätzten?«

»Natürlich gab es die. Allen voran die Bindert. Die war ja genauso herrisch wie die Erkens. Die beiden haben sich prächtig verstanden. Der hat sie ja auch die Leitung der Gefährdetenpolizei zugeschanzt.«

»Und Frau Dopfer die Leitung der Kripo.«

»Ja, ja, weil sie nicht anders konnte. Schlanbusch wollte es so, und Thesy war nun mal die Dienstälteste nach ihr und hatte am meisten Erfahrung.«

»Trotzdem ist sie dann weggelaufen.«

»Sie konnte nicht mehr. Die Erkens hat Gift und Galle versprüht und sie schlecht gemacht, weil sie besser mit Schlanbusch klarkam.«

»Aber Frau Dopfer hat doch auch schlecht geredet. Sie war es doch, die diese Behauptung in die Welt gesetzt hat, Frau Erkens würde während der Streifengänge auf St. Pauli Männerbekanntschaften suchen.«

»Sie hat sich ja auch mit Männern abgegeben.«

»Während der Arbeit?«

»Ach was, während der Arbeit!«

»Das ist doch nichts Schlimmes, dass eine Frau Männerbekanntschaften hat.«

»Natürlich nicht. Aber es ist auch nichts Schlimmes, wenn eine Frau keine Männerbekanntschaften hat.« Sie schaute unsicher an mir vorbei.

»Wieso?«

»Man macht sich nicht darüber lustig, oder?«

»Nein.«

»Man spricht auch nicht hässlich darüber, wenn zwei Freundinnen eine gemeinsame Wohnung haben.«

»Das sollte man nicht tun.«

»Und man deutet auch nicht an, dass die eine viel lieber mit einem selbst ... aber so was würde man ja nie ...«

»Was?«

»Ach, nichts.« Berta goss sich wieder Schnaps ins Glas.

»Wer hatte denn jetzt was mit wem ...«, versuchte ich, aber Berta schnauzte mich jetzt plötzlich an: »Sei still! Red nicht so!« Sie trank aus, musste husten und stieß heiser hervor: »Sie sind tot!« Tränen traten ihr in die Augen. »Wieso gehen die einfach weg? Das darf man doch nicht! Einfach so das Leben missachten und die anderen. Wenn sie wenigstens ganz weg wären. Aber sie spuken ja noch herum. Zwischen uns allen und im Stadthaus und in den Gedanken.« Sie stützte die Arme auf den Tisch und verbarg den Kopf in den Händen. »Und dann will ich ihr Bild bewahren und will es doch wieder nicht.« Sie schluchzte.

»Siehst du sie jetzt?«, fragte ich so sanft wie möglich.

»Ja.«

»Wie sehen sie aus?«

Sie zuckte mit den Schultern, stieß einen Seufzer aus, hob den Kopf und lächelte mich aus tränenüberströmtem Gesicht an: »Therese war so eine dunkle, kräftige, eine, die die Fäuste in die Hüfte stemmt, wenn sie schimpft, und genauso, wenn sie lacht. Geschimpft hat sie oft und gelacht auch.

Und laut war sie. Aber herzensgut, jedenfalls wenn sie fröhlich war. Sonst unerbittlich. Sogar zu Maria, die ja so zart und empfindsam war. Man fragte sich schon, wie die beiden es zusammen aushielten, aber man sagt ja, Gegensätze ziehen sich an. Thesy hat gern Späße gemacht und am lautesten selbst darüber gelacht. Maria hat nur still dazu gelächelt. Aber manchmal war es auch ganz anders. Wenn Therese niedergeschlagen war, dann ging's ihr wirklich schlimm. Vielleicht lag es auch an der Arbeit, wir haben ja so viel Elend gesehen Tag für Tag und sehen es immer noch, es hört nie auf ... da kannst du schnell verzweifeln, wenn du so eine Ader hast. Und Therese, die war so, manchmal. Dann konnte die gar nicht mehr. Wenn sie mal wieder gesehen hatte, wie eine Frau zum Krüppel geschlagen wurde oder ein Mädchen vergewaltigt oder ein Kind halb tot geprügelt ... wenn die Männer mit ihren Fäusten triumphierten und die Frauen vor ihnen in die Knie gingen und alles gaben und dafür noch mehr gequält wurden ... So was hat ihr schwer zu schaffen gemacht. Dann war die Maria ihr Rettungsanker, ihr Fels in der Brandung, an den sie sich klammerte. Aber es war schon eigenartig, dass sie sie gerade dann immer besonders gemein behandelt hat. Als wäre Maria schuld an allem Elend der Welt und müsste deshalb noch mehr leiden als sie. Dabei hat die Maria sowieso schon so große Angst gehabt. Trotzdem hat Thesy sie nicht geschont, und Maria hat das fast immer geschehen lassen. Einmal wollte sie ausbrechen, als ein Mann sich für sie interessierte. Mit ihrem hellen Haar und dem feinen Gesicht war sie ja sogar in ihrem Alter noch ein bisschen hübsch, und da hat sich dann einer ... ich weiß gar nicht, aus welcher Abteilung der kam ... in sie verguckt. Aber Thesy hat ihr die Hölle heißgemacht, damit sie bei ihr blieb. Maria war ja immer auf Harmonie bedacht, wollte ausgleichen und beschwichtigen. Deshalb war sie auch eine so gute Polizistin. Sie konnte das Gute in einem Menschen entdecken und zum Vorschein bringen. Für ängstliche Zeugen und verschreckte Opfer war sie ein Segen. Nur bei Thesy versagte ihr gutes Wesen gelegentlich. Und bei Frau Erkens zuletzt immer.«

»Wie alt waren die beiden denn?«

»Therese war 34, als sie ... ging. Maria zwei Jahre älter.«

»Zwei Frauen mit viel Lebenserfahrung also.«

»Sie waren ja ihr Leben lang Fürsorgerinnen und Polizistinnen gewesen. Das ist eine Arbeit, die einen guten Menschen hart werden lässt, wenn er nicht aufpasst. Therese war manchmal sehr streng. Wenn sie sich etwas zurechtgelegt hatte, wollte sie mit dem Kopf durch die Wand. Die Wand war dann die Erkens. Eine Wand aus Stahl. Sogar der Schlanbusch hat sich bei ihr eine blutige Nase geholt, und der Blecke erst recht, den hat sie ja sogar vor versammelter Mannschaft zur Minna gemacht. Nur weil sie die uneingeschränkte Befehlsgewalt haben wollte. Und ihre Ideen wollte sie auf Teufel komm raus durchsetzen. War das denn so wichtig, wo wir auf Streife gingen? Musste das überhaupt so genau festgelegt werden? Und die Uniform für die Gefährdetenpolizei, mein Gott, ein Abzeichen hätte es doch auch getan, wir hatten ja noch den Dienstausweis und die Polizeimarke ...«

»Aber keine Waffen.«

»Man sollte doch Frauen keine Waffen geben. Was nützt es denn, wenn du mit einem Knüppel gegen einen wild gewordenen Säufer vorgehst? Da ziehst du doch trotzdem den Kürzeren. Und einen Schlagring, den überlasse ich gern dem Kollegen.«

»Und eine Pistole?«

»Eine Pistole darf ich doch nur benutzen, wenn der Gegner auch eine hat und damit droht. Und da ist der Mann immer im Vorteil ... Viele waren im Krieg und wissen noch, wie das geht, einen Menschen zu erschießen.«

Sie hielt inne. Offenbar war ihr gerade etwas eingefallen. Sie schaute zur Küchenuhr und sprang auf. Es war schon nach elf. Mit einem Mal war sie nervös, nicht mehr traurig, und wirkte kaum noch betrunken. »Jetzt machen wir aber Schluss!« Sie lächelte entschuldigend. »Es ist schon so spät.« Hastig nahm sie Gläser und Flasche vom Tisch. Der Gin kam in den Schrank zurück, die Gläser wusch sie aus.

»Nun geh doch zu Bett«, sagte sie ungeduldig.

Zu spät. Wir hörten Schritte vor der Wohnungstür. Ein Schlüssel drehte sich im Schloss, die Tür ging auf und ein massiger Mann trat in den Flur. Er war nicht sehr groß, aber breit und muskulös. Schirmmütze auf dem Schädel, Lederjacke, Baumwollhosen, derbe Stiefel.

Er grüßte nicht, verzog nur das Gesicht und brummte missbilligend: »Was macht die denn hier?«

Berta strich sich das Kleid glatt und fuhr sich mit der Hand übers Haar.

»Das ist doch die Kollegin aus England.«

»So? Na ja.«

»Jennifer Stevenson«, stellte ich mich vor und streckte die Hand aus. Er ignorierte sie.

»Ich dachte, ihr schlaft schon längst.« Er sog die Luft ein.

»Habt ihr getrunken?«

»Nein«, log Berta.

»Hat sie geplappert?«, wandte er sich an mich.

Ich antwortete nicht. Er war zu unhöflich.

»Dann ab ins Bett!«, befahl er.

Ich schaute Berta an. Sie rang wortlos die Hände.

»Berta …« Er nahm die Mütze ab und deutete mit seinem kahlen Kopf zum Schlafzimmer.

»Gute Nacht«, sagte sie leise und ging voran. Er hinterher.

In meinem Zimmer holte ich Kladde und Bleistift aus dem Koffer und begann, mir Notizen zu machen. Als ich beim Namen Erika Bindert angekommen war, unterstrich ich ihn und nahm mir vor, diese ehemalige (oder noch immer?) Vertraute von Josephine Erkens aufzusuchen. Die Auskünfte, die ich heute über diese hoch angesehene Polizeibeamtin bekommen hatte, erschienen mir mehr als fragwürdig.

Schon am ersten Tag hatte ich ungeheuer viel erfahren. Es war harte Arbeit, die Fakten zu ordnen, aber meine Müdigkeit war wie weggeblasen.

Ich war noch nicht sehr weit gekommen, da hörte ich, wie durch den Flur nackte Füße näherkamen. Meine Tür wurde aufgerissen. Er stand da, kein bisschen verlegen, obwohl er nur Hosen mit herabhängenden Trägern anhatte und ein Unterhemd.

»Wieso ist hier immer noch Licht?«

»Ernst?«, ertönte kläglich Bertas Stimme hinter ihm.

Er bemerkte die Kladde, brummte unzufrieden, drehte sich um und schlug die Tür hinter sich zu, bevor ich etwas sagen konnte.

Ich war mehr verwundert als empört über dieses unverschämte Verhalten. Jetzt atmete ich tief durch und schrieb weiter. Als ich fertig war, schob ich die Kladde unters Kopfkissen, legte mich ins Bett und schlief sofort ein.


– 8 –


Noch vor dem Frühstück war der Mann verschwunden. Es gab Butterbrot und Gerstenkaffee und eine sehr schweigsame Berta. Ich wagte nicht, sie nach diesem Ernst zu fragen, wollte nicht aufdringlich sein, wir kannten uns ja kaum.

Als ich ungeduldig zum Aufbruch mahnte, sah sie mich erstaunt an. Auf dem Weg ins Stadthaus wirkte sie müde, beinahe mutlos. Meinen Tatendrang nahm sie mit leichtem Kopfschütteln zur Kenntnis.

Als ich den Namen Erika Bindert erwähnte, riet sie ab: »Die redet doch nur für sich.«

Über Nacht hatte es gefroren. Berta glitt aus und krallte sich an mir fest. In ihrem Blick, so kam es mir vor, war mehr Angst als nur die vor einem Sturz.

Erika Bindert gehörte nun als ehemalige Leiterin der Gefährdetenabteilung und des Streifendienstes der WKP zur Sittenpolizei. Berta brachte mich hin und schien dann ratlos, was sie tun sollte. Offenbar widerstrebte es ihr, Fräulein Bindert unter die Augen zu treten. Was das betraf, konnte ich keine Rücksicht nehmen. Ich ließ sie im Flur stehen.

Die Sittenpolizei wurde von Männern dominiert. Fräulein Bindert und ihre wenigen Mitarbeiterinnen hatten ein separates Büro. Sie trugen keine Uniformen. Zwei Frauen und zwei Männer bereiteten sich auf den ersten Streifengang des Tages vor. Man legte gerade die Route fest.

Fräulein Bindert überlegte eine Weile, ob sie mir Auskunft geben sollte. Sie war kräftig, etwas größer als ich und trug das Haar streng zurückgebunden. Bevor wir uns an ihr Schreibpult vor einem der hohen Fenster setzten, gab sie kurze Befehle, die von den angesprochenen Frauen wortlos und eilig befolgt wurden.

»Was kann ich nun also für Sie tun, Fräulein Stevenson?«, fragte sie.

Ich erklärte so knapp wie möglich mein Anliegen.

»Wenn es Ihnen darum geht, Frau Erkens ein schlimmes Schicksal zu ersparen, müssten Sie schon mit ihr selbst sprechen. Ich habe keinen Einfluss darauf.«

»Sie meinen, Sie ist selbst daran schuld?«

»Meine Position verbietet mir, eine Meinung zu haben.«

»Aber Sie haben doch, wie ich hörte, sehr vertraut mit ihr zusammengearbeitet.«

»Sie sollten nicht alles glauben, was Sie hören.«

»Deshalb möchte ich Sie ja fragen, wie Sie die Vorgänge erlebt haben, die zur Suspendierung von Frau Erkens führten.«

»Fräulein Stevenson, das Problem der alten Dienststelle war die mangelnde Einheit. Wenn ich Ihnen jetzt ›die Vorgänge‹, wie Sie sagen, aus meiner Sicht schilderte, würde es die Einheit dieser Abteilung gefährden.«

»Sie meinen, es gab in der WKP zwei Lager, die sich feindselig gegenüberstanden?«

»Ich meine gar nichts ...« Sie schaute auf und zuckte kaum merklich zusammen. »... und habe im Übrigen heute noch sehr viel zu erledigen.«

Ich spürte einen Lufthauch im Nacken und drehte mich um. Hinter mir stand ein Mann. Schlanbusch.

Frau Bindert stand auf, ich ebenfalls. Bindert und Schlanbusch musterten sich kühl.

»Ich habe Ihnen keine Genehmigung für dieses Gespräch erteilt!«, sagte er.

Erika Bindert verzog keine Miene. »Fräulein Stevenson wurde von Berta Winter hergebracht. Ich ging davon aus, dass dies in Ihrem Sinn geschah.«

Schlanbusch drehte sich um, als würde er Berta suchen. Er wirkte sehr steif. »Keineswegs.«

Er wandte sich an mich: »Fräulein Stevenson, Sie kommen bitte mit mir mit!«

Draußen saß Berta unglücklich auf einer Bank. Sie sprang auf, als Schlanbusch auf sie zutrat.

»Wo zum Donnerwetter ist Pitzek?«, herrschte er sie an.

»Ich ... ich weiß nicht ...«

»Er soll sich bei mir melden!«

Schlanbusch ging weiter, mit weit ausholenden Schritten, ich folgte ihm.

In seinem Büro bot er mir keinen Platz an, blieb selber stehen und zählte an den Fingern die Punkte ab, die ich zu beachten hätte:

»Erstens: Sie melden sich bei mir, wenn Sie das Stadthaus betreten. Zweitens: Sie unterrichten mich über Ihre Absichten. Drittens: Sie sprechen mit niemandem ohne meine Genehmigung. Viertens: Fräulein Winter wird stets und immer dabei sein. Fünftens: Wenn Sie diese Maßnahmen nicht befolgen, muss ich ein Hausverbot aussprechen.«

Mein Blick fiel ins Vorzimmer. Schlanbuschs Sekretärin sah ihn mit offenem Mund und großen Augen an. Als sie merkte, dass ich sie musterte, wurde sie rot und wandte sich eilig ihrer Arbeit zu.

»Als offizielle Abgesandte der International Policewomen's Association bitte ich Sie um ...«

»Bitten Sie mich um nichts! Wenn es Ihnen um den Fall Erkens geht, sprechen Sie mit der Dame, für deren Schicksal Sie sich so interessieren.«

Das empfand ich als Kriegserklärung und schlug, vielleicht etwas unverhältnismäßig, zurück: »Wenn Sie, Herr Dr. Schlanbusch, meine Ermittlungen in Ihrem Haus nicht wünschen, verlange ich ein Gespräch mit Polizeipräsident Campe. Meiner Organisation wurde von Senator Schönfelder Unterstützung zugesagt.« Das war eine sehr gewagte Behauptung. Tatsächlich hatte der Polizeisenator nach London telegrafiert, wir sollten uns an die direkt Verantwortlichen wenden. Das war ein allgemeiner Hinweis und sicherlich weder Aufforderung noch Einladung.

Trotzdem stutzte Schlanbusch. Er dachte nach.

Im Flur eilig trippelnde Schritte, dann stand Berta atemlos in der Tür: »Inspektor Pitzek ist nicht auffindbar, aber ich habe Nachricht hinterlassen, dass er sofort ...«

»Gut, gut. Kommen Sie rein, Winter. Und Fräulein Stevenson, Sie warten bitte draußen!«

Ich trat ins Vorzimmer. Die Sekretärin starrte mich an. Hinter mir schloss sich die Tür zu Schlanbuschs Büro. Laute Stimmen, leider unverständlich. Ich trat in den Korridor. Es war besser, nicht wie ein Spion stehen zu bleiben und zu horchen.

Nach einigen Schritten spürte ich eine Hand an meiner Jacke zupfen. Ich drehte mich um und blickte in große blaue Augen.

»Sie dürfen das alles so nicht glauben«, sagte Schlanbuschs Sekretärin leise.

»Was denn?«

»Frau Erkens war kein schlechter Mensch. Sie war nur sehr ... beseelt von ihrer bedeutenden Aufgabe.«

»Ich habe Sie einmal bei einem Vortrag in London erlebt«, sagte ich. »Da hat sie mich sehr beeindruckt. Und alle meine Kolleginnen auch.«

»Ja, sehen Sie! Eine solche Frau darf doch nicht einfach geopfert werden.«

»Sind Sie bei der WKP gewesen, Fräulein ...?«

»Hellmann, Rosalinde. Ja, ich war von Anfang an dabei. Nur als Schreibkraft zwar und mit Unterbrechungen, aber ich habe doch alles mitverfolgt. Wir haben damals Hand in Hand ... Es war so eine Aufbruchstimmung ... und dann diese Misshelligkeiten, die schamlos ausgenutzt wurden, um alles zu ruinieren ... Es sind so viele seltsame Dinge vorgefallen, als Therese und Maria gegangen sind.«

»Können wir uns nicht woanders darüber unterhalten?«

»Ja, aber ... später vielleicht ...«

Sie zuckte zusammen, als neben ihr Berta Winter auftauchte. »Rosi, der Herr Regierungsrat braucht dich!«

»Entschuldigen Sie bitte.« Rosalinde Hellmann deutete einen Knicks an. Für eine Frau in ihrem Alter war das gänzlich unangebracht, erst recht mir gegenüber.

Berta lächelte zuckersüß. Sie bemühte sich sehr. »Gehen wir auf Streife?«

»Darf ich das?«

»Du sollst dir ein Bild machen ... dürfen. Es ist keineswegs so, dass die Arbeit der WKP nicht fortgesetzt wird. Auch wenn es die Gefährdetenpolizei nicht mehr gibt, sind die Aufgaben doch geblieben. Wir gehen weiterhin auf Streife.«

»Unter dem Dach der Sitte.«

»Spielt das eine Rolle?«

»Das männliche Bild von weiblicher Sittlichkeit ...«

Am Ende des Korridors tauchte eine breite Gestalt auf. Lederjacke, Schirmmütze, genagelte Stiefel.

Berta drehte sich auf dem Absatz um und zog mich mit.

Ich wunderte mich: Was machte dieser grobschlächtige Kerl hier in der Polizeizentrale?

– 9 –

Vor dem Stadthaus schlossen wir uns einer Zivilstreife an. Besser gesagt folgten wir zwei Polizisten, die gewartet hatten, aber wenig Notiz von uns nahmen. Ihren abweisenden Mienen nach zu urteilen, legten sie nicht gerade großen Wert auf die Anwesenheit weiblicher Kollegen. Tatsächlich passten wir auch gar nicht zu ihnen, denn sie waren sehr ärmlich gekleidet, sahen alles andere als sauber aus und waren unrasiert. Der eine trug eine Wollmütze und paffte eine Pfeife, der andere eine Schlägermütze, die ihm deutlich zu klein war.

Warum sie sich so ausstaffiert hatten, wurde mir klar, als wir in eine schmale Gasse einbogen und in ein Gewirr aus engen Straßen, Gängen, Höfen und Hinterhöfen gerieten. Hier wohnten die armen Leute. Mehrstöckige Fachwerkhäuser, schmutziges Pflaster, Müll in dunklen Ecken, düstere Einfahrten, enge Durchgänge, kleine Werkstätten und schäbige Läden, Eckkneipen mit beschlagenen Fenstern, Fuhrwerke und Karren, die den Weg blockierten.

Uns Polizistinnen sah man an, dass wir nicht hierher gehörten. Magere Kinder in Eingängen und Nischen beäugten uns misstrauisch, Frauen schlossen vorsichtshalber die Fenster, alte Männer wandten sich schulterzuckend ab, wenn einer der Beamten ihnen eine Frage stellte.

Berta redete die ganze Zeit. Wie schade sie es fände, dass es nun keine rein weiblichen Gefährdeten-Streifen wie früher mehr gäbe, als sie in Vierergruppen bestimmte Gegenden abgegangen waren. Seit die Männer wieder dabei waren, würde man ihnen mit Misstrauen begegnen, vor allem die Frauen und Mädchen. »Früher war das anders. Es war ja bekannt, dass wir nicht als Strafkommando unterwegs waren. Man konnte sich uns anvertrauen. Natürlich mussten wir verwahrloste, obdachlose Mädchen mitnehmen, aber wir behandelten sie wie Menschen, nicht wie ausgebrochene wilde Tiere. Oftmals kam es ja auch nur darauf an, die jungen Dinger nach Hause zu schicken oder sie dorthin zu begleiten. Oder sie davor zu bewahren, sich allzu schnell an Zufallsbekanntschaften hinzugeben. Ich weiß nicht, was schlecht daran sein soll, Parkanlagen zu kontrollieren, wenn man einer Sechzehnjährigen auf diese Weise die Schwangerschaft ersparen kann ... Vom Alkohol ganz zu schweigen. Und dass die Luden in einschlägigen Lokalen und auf Rummelplätzen voller Absicht Mädchen ansprechen, ist doch auch kein Zustand ...«

Bei der eigentlichen Kriminalpolizei sei sie nicht so gern gewesen, sagte Berta. Manche Verbrechen gegen Frauen seien das Hässlichste gewesen, was ihr je begegnet sei. »Auch wenn Männer dabei waren, habe ich manchmal doch schreckliche Ängste ausgestanden ... In manchen Kerlen steckt ja eine solche Wut, dass man sich fragt, ob man sie nicht für immer wegsperren sollte ... Kann man da nicht verstehen, dass manche Frauen zum Messer greifen, um sich und ihre Kinder zu schützen? Dass sie zu keinem Mann mehr Vertrauen fassen wollen, auch nicht zu einem Polizisten? Aber die Frauen, die sich an ihren Kindern vergriffen haben ... das hatten wir auch ... und solche, die die eigene Tochter auf den Strich schicken. Da verlierst du den Halt und fragst dich, in welchen rohen Zeiten wir leben, wenn in manchen Ecken der Großstadt gehaust wird wie im finstersten Mittelalter. Oder schlimmer: Unten am Sandtorkai gab es Bretterbuden auf einer Brache, da lebten Familien, deren Kinder kaum sprechen gelernt hatten, nur wilde Laute stießen die hervor ... Manchmal bist du machtlos und fragst dich, ob nicht alles umsonst ist … und dann wieder willst du mit der Knute reinhauen und alle zwingen, endlich Vernunft anzunehmen …«

Wir erreichten eine Straße, in der es sogar Platz für einen schmalen Gehsteig gab. Schon jetzt, am späten Vormittag, standen hier junge Frauen in meist zu dünnen Mänteln, in gleichen Abständen zueinander, rauchten Zigaretten und traten einen Schritt vor, wenn sie einen Mann kommen sahen, der nicht aus der Nachbarschaft stammte. Die Kollegen in Zivil ließen sich ihre Papiere zeigen.

»Einmal haben wir eine Siebzehnjährige hier gefunden, die hatte schon so lange nichts mehr gegessen, dass sie, als wir sie in die Suppenküche brachten, alles wieder ausspuckte. Wir fuhren sie ins Krankenhaus, später brachten wir sie in einem Heim unter, und eine Woche darauf stand sie wieder hier. Immerhin aß sie jetzt manchmal was. Wir nahmen sie trotzdem mit. Das ging noch ein paar Mal so, und heute arbeitet sie in einer Fischräucherei.«

Wir hörten einen Schrei, dann lautes Schimpfen. Eine junge Frau, die eben noch in ihrer Manteltasche nach einem Ausweis gesucht hatte, stieß die beiden Polizisten zurück, duckte sich, schlüpfte unter ihren ausgestreckten Armen hindurch und rannte davon. Sie kam direkt auf uns zu, halb rutschend auf dem glitschigen Pflaster. Berta stellte sich ihr plump in den Weg, aber die Frau wich geschickt aus. Ich erwischte ihren Ärmel und hielt sie zurück. Sie trat mir gegen das Schienbein, schlug mir ins Gesicht, dann gelang es mir, sie zu Boden zu ringen. Sie war sehr widerspenstig, aber wir hatten in London einen speziellen Griff für solche Fälle. Ich zog sie hoch und hielt ihren Arm fest. Sie war groß und sehr dünn, mit stark geschminktem Gesicht, das gleichzeitig müde und hochmütig wirkte.

»Na, Pummelchen, wenn du den Mann spielen willst, dann komm doch mit mir aufs Zimmer«, sagte sie.

Ich schob sie Berta hin. »Was machen wir mit ihr?«

Die beiden Kollegen traten zu uns. Der mit der Schlägermütze warf mir einen anerkennenden Blick zu.

»Name und Alter feststellen, Wohnort, Familienverhältnisse, im Zweifelsfall Registrierung, bei Widerstand Festnahme«, sagte der andere und sog gleichzeitig gierig an seiner Pfeife.

»Sollen wir das übernehmen?«, fragte Berta.

»Wenn's euch Spaß macht«, sagte der mit der Pfeife. »Aber ich will sie morgen nicht schon wieder hier sehen.«

»Hast du einen Ausweis?«, fragte Berta die junge Frau.

»Zu Hause.«

»Na, dann bring uns mal da hin.«

Der Polizist mit der Schlägermütze hielt eine Handfessel hoch. »Wie wär's damit.«

»Nein«, sagte ich. »Sie weiß ganz genau, dass ich sie kriege, wenn sie wegläuft.« Zur Bekräftigung packte ich sie etwas fester, bis sie stöhnte, und ließ sie wieder los.

»Na ja«, murmelte der mit der Pfeife, aber dann gingen sie.

»Wie heißt du?«, fragte Berta das Mädchen.

»Steht in meinem Ausweis.«

Ein paar Minuten später gingen wir eine Straße entlang, in der viele rote Transparente hingen. Bertas Blick glitt unruhig über die Kampfparolen der Kommunisten. »Kämpft mit der K.P.D. um Brot, Freiheit und Macht!« Je mehr rote Fahnen vor den Fenstern auftauchten, desto stärker wurde mein Eindruck, dass Berta den Kopf einzog. Selbstbewusste und böse Blicke trafen uns aus Hauseingängen und Fenstern.

Ein Pfiff ertönte. An einer dunklen Ecke winkte jemand.

»He, Emmy, warum so trübsinnig?« Eine Gestalt in langem Mantel und etwas zu weit geschnittenem Anzug mit Nadelstreifen, rotes Halstuch, Zigarette im Mund.

»Wer ist das?«, zischte Berta nervös. »Dein Lude?« Anscheinend war sie kurzsichtig.

Beinahe hätte ich laut aufgelacht. Der »Lude« kam auf uns zugeschlendert, die Hände in den Hosentaschen, den Mantel zurückgeschoben. Ein Ludengang war es schon, aber die Person, die sich so bewegte, war eine Frau.

»Moin, Frau Wachtmeister«, sagte Klara Schindler. »Wollen Sie die dünne Emmy etwa nach England entführen?«

Berta erkannte sie jetzt. »Was wollen Sie denn?«

»Du hast ja immer noch den Wachhund bei dir. Wird das nicht lästig?«, sagte Klara und schaute mir dabei direkt in die Augen. Diese Frau konnte einen wirklich aus der Fassung bringen.

»Keine Beleidigungen, bitte!«, sagte Berta.

Die dünne Emmy wollte die Ablenkung nutzen und sprang zur Seite, um wegzulaufen. Ich packte sie am Ellbogen. Sie schrie auf und musste sich zwangsweise ein wenig nach vorn beugen. Dann lockerte ich den Griff wieder.

»Ich dachte, du bist hergekommen, um eine politische Intrige aufzudecken«, sagte Klara. »Wieso vergehst du dich denn jetzt am jungen Gemüse?«

Gute Frage, dachte ich. Warum hat Berta mich hierher geführt? Um mich von meiner eigentlichen Aufgabe abzulenken?

Emmy stöhnte noch mal laut auf, wofür es wirklich keinen Grund gab. Klara wurde zornig: »Macht dir das Spaß, sie zu quälen, Wachtmeisterin? Ist das eure Art, Fürsorge auszuüben?«

»Wir wollen lediglich die Personalien aufnehmen«, sagte Berta.

»Nimmt man die auf, indem man hilflosen Mädchen die Arme umdreht?«, rief sie laut.

An mehreren Fenstern tauchten Gesichter auf.

Berta wurde nervös.

»Es wäre einfacher gewesen, wenn sie den Ausweis bei sich getragen hätte«, sagte sie.

»Am besten an die Brust geklebt, was? Und ein H wie Hure auf die Stirn geritzt, wie? Oder ein Brandmal, damit man den gefallenen Engel gleich erkennt?«

Sie stellte sich direkt vor mich hin. Ich ließ Emmy los, die ein Stückchen zur Seite ging. »Was soll denn dieser Unsinn!«, fuhr ich Klara an. »Wenn wir uns um das Schicksal von Frauen sorgen, was sind wir dann? Staatsbüttel? Gewalttäter?« Klara lächelte hochmütig. »Was weißt du denn davon, Engländerin! Was weißt du denn von den blutigen Methoden der Schönfelder-Polizei. Du hast doch gar keine Ahnung.«

»Schluss mit dem Gerede«, sagte Berta. »Wir gehen weiter!« Emmy blieb störrisch stehen.

Klara trat neben sie. »Lasst sie doch gehen«, sagte sie in versöhnlichem Ton. »Das arme Ding tut's nur für ihren verkrüppelten Vater und die kleine Nichte. Wenn ihr den Namen unbedingt wissen müsst: Emmy Jenkel. Seit ihr Bruder vom Baugerüst gefallen ist, ist sie der Familienvorstand. Wenn ihr sie mitnehmt, hat ihre Nichte heute Abend nichts zu essen.«

»Vorschrift ist Vorschrift«, sagte Berta. »Außerdem glaube ich kein Wort.«

Ein Fenster wurde aufgestoßen und eine laute Männerstimme hallte über den Platz: »Emmy, was stehst du denn da unten rum? Los, rüber! Auf deinen Posten, du dumme Pute!« Wir schauten alle vier nach oben. Ein Mann im Unterhemd. Großspurige Pose.

»Und die anderen drei kannst du gleich mitnehmen!«

»Ist das der Bruder, der vom Baugerüst gefallen ist?«, fragte ich.

Klara seufzte. »Paul, der Idiot.«

»Ich dachte, ihr sorgt hier für Ordnung«, sagte Berta schnippisch zu Klara.

»Den kriegen wir auch noch weg. Wenn die dünne Emmy nicht wäre und ihr Balg von fünfzehn Monaten.«

Wir drehten uns gleichzeitig zu Emmy um. Sie war weg.

Pauls Fenster schlug zu.

»Das haben Sie ja fein hingekriegt«, sagte Berta.

»Na ja«, sagte Klara grinsend. »Wenn ihr nicht auf Draht seid.«

Berta begann hin und her zu laufen und versuchte vergeblich herauszufinden, in welches Treppenhaus oder welchen Durchgang Emmy geflüchtet war.

»Ich wohne übrigens hier«, wandte Klara sich an mich und deutete auf einen Torbogen. »Komm mal vorbei, wenn sie dich lassen. Dann zeig ich dir, wie's hier so ist.« Sie trat einen Schritt auf mich zu. »Aber du bist ja Polizistin, du traust dich ja nicht.« Sie warf ihre Kippe zu Boden. »Oder?«

Darauf wusste ich keine Antwort.

Berta kam zurück. »Sinnlos«, zischte sie schlecht gelaunt. »Alles völlig sinnlos.« Und warf Klara einen finsteren Blick zu. Die lächelte hochmütig, drehte sich um und verschwand im Durchgang, auf den sie eben gezeigt hatte. »Druckwerkstatt« und »Schuhmacher« stand in abgeblätterten Buchstaben auf der Wand.

Berta schaute sich um. Vielleicht suchte sie die Kollegen, aber die waren nirgends zu sehen.

»Gehen wir«, sagte sie.

Es dauerte eine Weile, bis wir aus dem Gewirr der Gänge fanden und einer breiteren Straße zum Stadthaus folgten.

Dort führte Berta mich in ein Büro, das sie mit mehreren Beamtinnen teilte. Auf den Fensterbänken standen ein paar verloren wirkende Kakteen, Bertas Pult zierte ein Sträußchen mit halb zerfallenen Strohblumen.

»Warte hier auf mich«, sagte sie und ging.

Ein paar Minuten lang schaute ich aus dem Fenster. Der graue Himmel hatte sich aufgelockert, hier und da blitzte Blau hindurch, ein Hoffnungsschimmer.

Schritte hinter mir. Ich wandte mich um, und da stand der Blondschopf aus Schlanbuschs Vorzimmer, die Hände ineinander verhakt, nach Worten suchend.

»Ich … bin jetzt gleich zur Pause unten im Café Krohn. Zweimal links, dann die zweite rechts … wenn Sie Zeit haben …«

Und schon huschte sie nach draußen, prallte aber wieder zurück, denn da stand auf einmal dieser massige Kerl in der Tür. Bertas Freund, oder wie auch immer er zu ihr stand.

»Was tun Sie denn hier?« Es war nicht klar, wen er meinte.

»Oh, Herr Pitzek, ich bitte um Entschuldigung. Ich muss jetzt in die Pause«, hauchte die Blonde und schob sich eilig durch den schmalen Spalt zwischen seiner Schulter und dem Türrahmen.

Jetzt kannte ich also seinen vollen Namen. Ernst Pitzek. Hatte nicht Schlanbusch diesen Namen erwähnt?

Er setzte sich auf den Rand eines Pults und verschränkte die Arme. »Berta ist bald wieder zurück.«

So blieb er da sitzen. Berta ließ sich nicht blicken.

Nach einer Weile wurde es mir zu bunt.

»Ich gehe zur Toilette.«

»Links den Gang runter. Kurz vor der Treppe.«

Als ich vor den Toiletten stand, warf ich einen Blick zurück. Pitzek stand vor der Tür und schaute in meine Richtung.

Ich wusch mir sehr lange die Hände und überlegte. Nach einigen Minuten hörte ich draußen lautes Stimmengewirr. Ich zog die Tür einen Spaltbreit auf, lugte hinaus. Eine größere Personengruppe hatte sich aus irgendeinem Grund dort versammelt. Das war meine Chance. Ich duckte mich hinter die Menschenwand und rannte zur Treppe. Ich nahm drei Stufen auf einmal und hastete nach unten.

Zweimal links, dann die zweite rechts … Café Krohn.


– 10 –


Hinter einer Säule versteckt, in einer Ecke, so weit von den Fenstern und dem Eingang entfernt wie nur möglich, saß Rosalinde Hellmann in ihrem adretten grauen Kostüm, auf dem Kopf ein Barett in derselben Farbe wie ihre Augen. Im Vergleich zu den anderen Mitarbeiterinnen der Polizei kleidete sie sich sehr modisch. Unter den hier im Kaffeehaus anwesenden Damen, von denen viele sich eine Pause zwischen den Einkäufen gönnten, wie man an ihren abgelegten Päckchen erkennen konnte, machte sie allerdings einen eher schlichten Eindruck. Wie ich in meinem groben Tweedkostüm auf die anderen wirkte, wollte ich mir lieber nicht allzu genau ausmalen. Ich vermied den Blick in einen der Spiegel, mit denen das Lokal großzügig ausgestattet war.

Rosalinde Hellmann reichte mir eine schmale kalte Hand und lächelte dünn. Vor ihr standen eine dampfende Tasse heiße Schokolade und eine gefüllte Blätterteigpastete.

»Einmal im Monat gönne ich mir was Besonderes«, erklärte sie verlegen. »Dann sitze ich hier allein, denn die anderen gehen nicht so gern in vornehmere Lokale. Es ist ja auch sündhaft teuer. Ich hoffe, ich bringe Sie nicht in Verlegenheit ...«

Sie staunte, als ich mir ein Bier bestellte.

Während sie aß, erklärte ich ihr meinen Auftrag. Sie schien Vertrauen zu fassen. Ich war noch immer irritiert von ihren großen Augen, die sie jünger erscheinen ließen, als sie war. An ihrer Hand bemerkte ich einen schmalen goldenen Ring. Bislang war ich davon ausgegangen, dass alle weiblichen Polizeiangestellten ledig waren. Offenbar gab es Ausnahmen, aber Rosalinde Hellmann war ja auch nur als Schreibkraft beschäftigt.

»Sie waren also von Anfang an dabei ...«, begann ich vorsichtig.

»Bis zum bitteren Ende ... aber dazwischen fast ein Jahr zu Hause ... dann wurde mein Mann arbeitslos und ich musste wieder ... Kinder waren ja noch keine da, zum Glück ...«

Sie erzählte von der Anfangszeit, als alle von Pioniergeist und Gemeinschaftsdenken beseelt waren.

»Aber als ich wiederkam, war vieles anders geworden. Alle gifteten sich an. Die Erkens die Dopfer, die wieder die Bindert, und alle hatten ihre Gefolgschaft. Die Männer in der

Abteilung wussten gar nicht damit umzugehen, einige baten um Versetzung. Andere, die sich gut eingefügt hatten, wurden von Dr. Schlanbusch rausgenommen, und deswegen gab's dann neuen Streit. Manchmal kam Frau Erkens aus seinem Büro und sah ganz wild aus. Da hatte sie sich die Haare gerauft! Einmal hat sie gebrüllt, sie würde in einem Buch die ungeschminkte Wahrheit über Dr. Schlanbusch und die Kriminalpolizei veröffentlichen. So ging das Tag um Tag, Woche um Woche. Und keiner hat bemerkt, dass diejenigen, die der Abteilung ablehnend gegenüberstanden, sich ins Fäustchen lachten. Alle wussten ja von den Streitereien. Es ging mitunter sehr laut zu. Die Erkens und die Dopfer brüllten sich über den ganzen Flur hinweg an. Beide schrien hinter Schlanbusch her. Und der ging dann schweigend weg und schickte Blecke, den die Erkens wie einen Schuljungen zusammenstauchte. ›Bilden Sie sich bloß nicht ein, dass Sie jemals über meine Abteilung gebieten werden!‹, hat sie mal zu ihm gesagt. Er habe keine Erfahrung und sei naiv und taktlos. Nur weil er jünger war. Dabei hatte er ja den gleichen Rang wie sie.«

»Kam es zu Tätlichkeiten?«

»Wenn die Dopfer und die Erkens sich angeschrien haben, dann fragte man sich schon manchmal, ob sie sich gleich an die Gurgel springen. Ich hab es nie beobachtet. Erzählt haben so was nur Leute, die gar nicht dabei gewesen sind. Das Schlimme waren sowieso eher die Intrigen. Das konnte die Dopfer gut, hinter dem Rücken von Frau Erkens andere gegen sie aufbringen. Und die hat sich dann manchmal genauso böse verteidigt und so eigenartige Sachen in die Welt gesetzt ...«

»Hat sie Lügengeschichten verbreitet?«

»Lügen waren das anscheinend gar nicht, aber Sachen, die man anderen Leuten nicht erzählen soll.« Rosalinde Hellmann fasste mit beiden Händen nach der Tasse, hielt sie fest und starrte verlegen hinein. »Ich sage das nur, weil ich das

Gefühl habe, es ist alles vielleicht viel schlimmer, als wir denken ...«

»Schlimmer als was?«

»Schlimmer als Selbstmord«, sagte sie leise, ohne aufzusehen. Sie starrte in die leere Tasse, hob ruckartig den Kopf, blickte ängstlich um sich.

»Was hätte Frau Erkens denn nicht erzählen sollen?«

»So manche alten Geschichten. Sie kannten sich ja schon so lange, sie und die Dopfer. In Frankfurt hatten sie eine ganze Zeit lang miteinander zu tun. Und da soll es eben zu so einer Sache gekommen sein ... in einem Hotel. Da haben sie beide übernachtet, und die Dopfer ...« Sie griff nach dem Löffel und rührte in der leeren Tasse herum. »Ich erzähle das nur, weil ich ... weil es mir Angst macht, was passiert ist, und weil Sie ja nicht zu uns gehören. Sie dürfen niemals jemandem sagen, dass ich das erwähnt habe. Versprochen?«

Ich nickte.

Sie seufzte erleichtert, holte tief Luft und stieß in einem einzigen Satz hervor: »Sie waren in einem Hotel, wahrscheinlich aus dienstlichen Gründen oder weil es zur Ausbildung gehörte, jedenfalls übernachteten sie dort, und die Dopfer kam abends in das Zimmer von Frau Erkens und ... ach Gott, ist das peinlich ... sie stieg zu ihr ins Bett und verlangte Zärtlichkeiten ... und da hat die Erkens sie wohl weggeschickt ... Das war ja schon schlimm genug, ich meine, na ja, unschön und im Dienst unter Staatsbeamtinnen nicht angebracht ... Aber wirklich hässlich ist doch, wenn man es weitererzählt, um jemanden schlecht zu machen ...«

»Und das hat Frau Erkens getan?«

Sie nickte. »Und zwar so, dass es mehrere Personen hörten. Und natürlich hat sie dann auch Andeutungen über das Verhältnis von Frau Dopfer und Frau Fischer gemacht.«

»Stimmte das denn? Das wäre doch dann auch nicht angebracht gewesen.«

»Dass sie nicht ohne einander konnten, wusste man ja. Sie lebten zusammen in einer gemeinsamen Wohnung. Ich dachte zu Anfang ...« Sie lachte verschämt. »Ich bin ja auch so naiv gewesen ... ich dachte zu Anfang, es ist doch eine ganz gute Idee zusammenzuwohnen, weil ... viele unserer Frauen waren doch schon so alt, dass sie wahrscheinlich keinen Mann mehr bekommen würden ... oder wollten das auch gar nicht. Warum soll man dann nicht mit einer Freundin zusammenwohnen? Einsamkeit ist eine schreckliche Bürde ...«

»Wie lange kannten sich Frau Dopfer und Frau Fischer denn schon?«

»Das weiß ich nicht genau. Aber sie lernten einander kennen, als sie Fürsorgerinnen in Heiligenstadt waren, schon fünf oder sechs Jahre, bevor sie nach Hamburg kamen. Später waren sie gemeinsam in Stadtroda tätig und gingen dann nach Frankfurt, wo sie von Frau Erkens zu Kriminalbeamtinnen ausgebildet wurden. Sie müssen sich gut verstanden haben, sonst wären sie doch nicht alle drei gemeinsam hierher gekommen. Frau Dopfer war sehr herzlich, auf so eine nette süddeutsche Art, sie kam ja wohl aus dem Badischen. Aber wenn man sie kritisiert hat, war es mit der Freundlichkeit schnell vorbei, das muss man leider sagen.«

»Und Frau Fischer?«

»Kam von der Mosel, aus Trier. Sie war ein ganz leiser Mensch.« Sie hielt inne und besah sich ihre Hände, die sie nebeneinander auf den Tisch gelegt hatte. Feine Hände, die man vielleicht hätte streicheln sollen, weil sie so schutzbedürftig schienen.

»Zwei solchen Menschen, wenn sie sich so lange kennen und gemeinsam derart viel Streit und vielleicht auch Enttäuschung erlebt haben ... immerhin waren sie ja als drei vertraute Freundinnen nach Hamburg gekommen ... zwei solchen Menschen würde man einen Selbstmord zutrauen, nicht?«, fragte sie und schaute mich aus ihren großen blauen Augen an.

»Ja.«

»Zwei solchen Menschen würde man zutrauen, dass sie einen Abschiedsbrief schreiben …« Sie zögerte.

»Gab es denn einen?«

»Ja, aber niemand hat ihn gesehen.« Sie beugte sich nach vorn und sprach leise weiter. »Deshalb wollte ich doch mit Ihnen sprechen. Herr Dr. Schlanbusch hat einen Abschiedsbrief bekommen, der beweisen soll, dass die beiden freiwillig in den Tod gegangen sind.«

»Beweisen soll oder beweist?«

»Ja, eben, das ist die Frage. Das hängt wohl davon ab, wer ihn geschrieben hat.«

»Wie bitte?«

»Ich hab mir das genau vergegenwärtigt: Der große Streit war am Donnerstag, das war der 2. Juli. Am Freitag waren die beiden nicht mehr da. Ich weiß noch, dass wir gerätselt haben, wann sie wohl wiederkommen. Der Abschiedsbrief soll dann am Sonntag im Stadthaus eingegangen sein und wurde Schlanbusch in die Wohnung gebracht. Der las ihn, war alarmiert, wie er sagte, und schickte einen Polizisten los. Nach Pellworm.« Sie schaute mich durchdringend an.

»Sonntags wurde der Brief zugestellt?«

Sie durchbohrte mich jetzt beinahe mit ihrem Blick. »Das ist nicht der Punkt. Er hätte auch schon am Vorabend oder eben am Sonntag kommen können.«

»Also?«

»Erstens hat nie jemand den Originalbrief gesehen …«

»Schlanbusch hält dieses Beweisstück natürlich unter Verschluss.«

»Auch das ist nicht das Entscheidende. Es gibt nur eine mit der Maschine geschriebene Abschrift. Das ist deshalb eigenartig, weil ich es hätte sein müssen, die diese Abschrift anfertigt. Sie war aber schon da, als ich Montag wieder ins Büro kam. Das hat mich gewundert. Sie lag auf Schlanbuschs Schreibtisch. Ich kam ziemlich früh, er war schon da, ging aber kurz zum Frühstück. Ich las den Brief, und er kam mir eigenartig vor. Also habe ich ihn abstenografiert. Hier ...« Sie hielt mir einen von einem Steno-Block abgerissenen Zettel hin.

»Das kann ich nicht entziffern.«

»Dann hören Sie zu.« Sie las vor:

»3. Juli 31.

Sehr geehrter Herr Regierungsdirektor!

Der Schritt, ins Büro zurückzukommen und unter Frau Erkens weiterzuarbeiten, war uns unmöglich. Nach dem Benehmen gestern von Frau Erkens wissen wir, dass wir uns dieser schamlosen Frau nie unterordnen können. Die Behörde gibt uns den Weg nicht frei. In einem Vierteljahr würde man uns unsere ganze Kraft genommen haben. Wenn man nicht mehr an das Gute und Gerechte glauben kann, ist es besser, wenn man allem ein Ziel setzt. Wir fahren deshalb nach den Halligen und kommen nicht mehr zurück. Wir gehen den Schritt klar und bewusst. Nur deshalb geben wir Ihnen davon Nachricht, dass andere Menschen vor dem gleichen Schicksal bewahrt werden, denn wir wissen, dass noch andere gleich schwer tragen. Wir möchten Sie herzlich bitten, unseren Angehörigen Unfall durch Ertrinken mitteilen zu lassen. Die Adresse meiner Mutter ist: Dopfer, Sigmaringen; von Frl. Fischers ältestem Bruder: Georg Fischer, Wittlich Bez. Trier.

Mit bestem Gruß und Dank für alle uns erwiesene Freundlichkeit

Ihre

Th. Dopfer und

Maria Fischer«

Wieder sah sie mich durchdringend an. »Eigenartig, nicht?«

»Zweifellos ein Abschiedsbrief von zwei Frauen, die an einer Dritten verzweifelt sind.«

Rosalinde Hellmann schüttelte den Kopf. »Zwei Sachen finde ich eigenartig. Zum einen heißt es: ›nach dem Benehmen gestern von Frau Erkens‹. Welches Benehmen ist gemeint?«

»Soweit ich weiß, gab es ein letztes Gespräch von Fräulein Fischer mit Frau Erkens.«

»Richtig. Und niemand weiß, was gesprochen wurde, nur dass Fräulein Fischer kreidebleich und völlig fassungslos aus dem Büro kam und sofort die Dienststelle verließ. Was hat Frau Erkens zu ihr gesagt?«

»Es muss etwas Schwerwiegendes gewesen sein.«

»Richtig.«

»Etwas, dass sie in den Selbstmord trieb, meinen Sie?«

»Dieser Schluss liegt nahe. Aber da ist noch ein zweiter merkwürdiger Satz: ›wir fahren nach den Halligen‹.«

»Aber das haben sie doch getan.«

»Sie als Engländerin ...«

»Schottin.«

»Nun gut, als Schottin ... können das nicht wissen: Pellworm ist keine Hallig, sondern eine Insel.«

»Das haben die beiden in ihrer Aufregung vielleicht nicht so genau genommen.«

»Vielleicht, aber das ist gar nicht das Entscheidende.« Sie beugte sich sehr nah zu mir. Ich roch den leichten Fliederduft, der von ihr ausströmte, als sie mir ins Ohr flüsterte: »Schlanbusch hat sofort einen Polizisten losgeschickt. Nach Pellworm! Aber woher konnte er wissen, dass sie nach Pellworm gefahren sind, wenn da nur ganz allgemein Halligen steht? Selbst wenn Pellworm eine Hallig wäre, gäbe es noch andere, die in Frage kämen. Wieso wusste er, wohin er seinen Mann schicken musste?«

Sie lehnte sich zurück und schaute mich leicht triumphierend, ein wenig ängstlich, aber auch mit rechthaberischer

Miene an, die blauen Augen zusammengekniffen. Adrett, mit zitternden Händen und doch kämpferisch.

»Kann ich eine Abschrift haben, in normaler Schrift?«, fragte ich.

Sie nickte.

»Und dann ist da übrigens noch etwas«, sagte sie. »Sie haben vielleicht die Geschichte von den zertrümmerten Blumenvasen gehört?«

»Die Blumen, die die Anhänger von Frau Erkens anlässlich ihrer Rückkehr in ihr Büro gestellt haben.«

Wieder der durchdringende Blick. »Sie wurden in der Nacht von Freitag auf Samstag zerstört, das steht fest. Doch von wem?«

»Nicht von Dopfer und Fischer?«

»Die beiden waren doch gar nicht mehr in Hamburg!« Ihr Blick fiel auf die große Kaffeehausuhr. »Oh, meine Pause ist vorbei. Ich muss schnell los.« Sie winkte einer Kellnerin, zog sich hastig an, zahlte zerstreut und gab mir die Hand zum Abschied. Sie war jetzt nicht mehr kalt, sondern sehr warm.


– 11 –


Wie aufgewühlt ich war, merkte ich erst, als ich das Kaffeehaus verließ. Wohin sollte ich jetzt gehen? Zurück ins Stadthaus, zu Berta Winter? Und was dann? Da war ja auch noch dieser schreckliche Pitzek. Wenn ich an Berta und ihren Freund dachte, wurde mir unwohl. Hatte man die beiden abkommandiert, um mich zu überwachen, mir Informationen vorzuenthalten? War das von Anfang an der Plan gewesen? Wer hatte ihn ausgeheckt? Schlanbusch? Weil er verhindern wollte, dass ich etwas über den Tod der beiden Unglücklichen auf Pellworm herausfinden könnte, was ihm und anderen in seiner Behörde schaden würde? Ging es nur um peinliche Details aus dem Privatleben von Polizistinnen oder um viel Schlimmeres?

Ich ließ mich vom Strom der Passanten treiben. Vorbei an prall gefüllten Schaufenstern, Zeitschriftenständen und Tabakverkäufern, mit Wahlparolen beklebten Litfaßsäulen, jungen Männern mit Flugzetteln, hupenden Automobilen, rumpelnden Bussen und schrill klingelnden Straßenbahnen. Ein offenes Einsatzfahrzeug der Ordnungspolizei raste vorbei, auf den Bänken saßen uniformierte Männer mit starren kantigen Gesichtern unter martialischen Tschakos, die Staatsgewalt präsentierte sich unbarmherzig, kalt und militärisch ... als sei das Volk sein Feind. Wir Frauen wollten einer anderen Art von Polizei angehören. Was aber, wenn wir da mitfahren würden, genauso ausstaffiert, genauso kalt und militärisch? Wäre das nicht der folgerichtige nächste Schritt nach der Einführung des weiblichen Streifendienstes? Jenny, stell dir vor, du hebst den Knüppel gegen deinen Nächsten, zielst mit der Pistole auf Menschen – würdest du so weit gehen?

Der Menschenstrom zog mich in Passagen, schob mich in Kaufhauseingänge, drückte mich gegen Warentische, wo ich mechanisch Stoffe, Kleider, Gegenstände prüfte, die mich gar nicht interessierten. Ganz allein im Menschenmeer fällt dir auf, dass keiner dich ansieht, alle schauen woanders hin. Vielleicht stehst du im Weg, bist ein Hindernis für ein anderes Atom der Menschenmasse, dessen Weg du kreuzt, dessen Fortkommen du hemmst. Dann schiebt es dich beiseite oder du gehst von alleine.

Wer wacht über die Polizei? Wer schreitet ein, wenn das Undenkbare geschieht und Gesetzeshüter zu Gewalttätern werden? Wo ist die unabhängige Kraft, wenn Behörde und Staat sich nach einer Untat in den eigenen Reihen zum Schweigen verabreden? Kann ein einzelner Polizist sich Gehör verschaffen? Würde er nicht im Räderwerk zugrunde gehen? Und wer soll im Fall der Toten von Pellworm aufstehen und laut die unangenehmen Fragen stellen? Du, Jenny? Du bist doch nur ein fremder Niemand aus dem Nirgendwo, nicht einmal ein Rädchen im Getriebe, bestenfalls ein störendes Sandkorn im gut geölten Mechanismus, und so ein Korn ist schnell entfernt.

Die Gesellschaft ist eine weit verzweigte, riesenhafte Maschine, in der jedes Teil eine Funktion haben soll. Und wenn es die nicht hat? Ersatzteil? Ausschuss? Wertloser Schrott? Du aber bist ein Fremdkörper, und das ist dein Vorteil. Nur wer oder was gibt dir das Recht, als Fremde einen Fall zu untersuchen, mit dem du so gut wie nichts zu tun hast? Wirklich nicht? Denk an die beiden Unglücklichen, die zu Tode gekommen sind. Alle Toten dieser Welt verdienen es, dass man ihnen Gerechtigkeit widerfahren lässt, denn sie gehörten einmal zu uns Lebenden. Also musst du doch weiter nachforschen.

In einer Fischbratküche machte ich Rast, saß mutterseelenallein an einem kleinen Tisch im riesigen, voll besetzten, dunstigen Gastraum und grübelte weiter. Ich kam zu dem Schluss, dass es nur eine Möglichkeit für mich gab, wenn ich nicht kapitulierte und verhindern wollte, vom Räderwerk zermahlen zu werden: Ich musste das Geschehen von oben betrachten, als Unbeteiligte, frei von allen Beschränkungen. In einem Kaufhaus war mir eine kleine Brosche aufgefallen, die eine Möwe mit ausgebreiteten Flügeln darstellte. Ich ging zurück, kaufte sie und heftete sie mir ans Revers. Der hübsche Vogel machte sich ganz gut auf dem Tweed.

Mit dem Vorsatz, mich nicht von dieser Bulldogge namens Pitzek einschüchtern zu lassen, ging ich zurück ins Stadthaus. Ich war eine Möwe, so ein Hund würde mich niemals zu fassen bekommen, dachte ich.

Er war längst gegangen, Berta ebenso. Die meisten Büros standen bereits leer, nur die Bereitschaftsdienste hielten die Stellung. Ich war länger in der Stadt unterwegs gewesen, als ich geglaubt hatte. Hier gab es im Moment für mich nichts mehr zu tun. Ohnehin hatte ich so viel Neues erfahren, dass es Zeit wurde, alles zu ordnen und aufzuschreiben.

Während ich die enge, steile Treppe zur Wohnung von Berta hinaufstieg, spürte ich einen deutlichen Widerwillen. Kannst du deine Notizen nicht woanders machen, Jenny? Setz dich doch in eine Kneipe. Ein Bier würde dir gut tun ...
Nein, es war an der Zeit, sich zurückzumelden. Berta sah das offenbar genauso.
»Wo kommst du denn jetzt her?«, fragte sie sichtlich verärgert.
»Ich habe einen Stadtbummel gemacht«, erklärte ich.
»So?«, sagte sie ungläubig. »Wohin denn?«
Ich deutete auf die Möwe an meinem Revers. »Hübsch, nicht?«
Sie schüttelte den Kopf. »Es ist nicht Recht, dass du dich einfach davonstiehlst.«
»Ich brauchte frische Luft.«
»Und die gab es in einem Kaffeehaus? Man hat dich dort mit einer Frau gesehen. Wer war es?«
»Eine Zufallsbekanntschaft. Und außerdem geht dich das gar nichts an!« Ich sah ihr an, dass sie mir nicht glaubte. Gleichzeitig machte ich mir Sorgen um Rosalinde Hellmann. Was war, wenn bekannt wurde, dass sie mit mir gesprochen hatte? Die andere Frage war: Wer hatte mich mit ihr gesehen und es weitererzählt? Ich hatte mir eingebildet, allein durch die Stadt zu bummeln. War das ein Trugschluss gewesen?
Da Berta deutlich missgelaunt war, nahm ich an, dass man mich nicht die ganze Zeit überwacht hatte.
»Trinken wir einen Tee zusammen in der Küche?«, fragte sie wenig enthusiastisch. Als ich dankend ablehnte, schien sie erleichtert.
»Ich muss einige Briefe nach Hause schreiben. Sonst macht sich noch jemand Sorgen um mich.«

»Ja, ja, tu das«, sagte Berta »Wir können uns später unterhalten.«

Das wollte ich nicht, sie würde mich nur ausfragen. In meinem Zimmer setzte ich mich an den kleinen Tisch. Den Mantel behielt ich an, es war sehr kalt. Durch das Dachfenster drang ein kühler Windhauch herein. Mit klammen Fingern schrieb ich in meine Kladde. Es waren viele Sätze mit Fragezeichen dabei. Als ich fertig war, versuchte ich einen halbwegs geordneten Brief mit den wesentlichsten Erkenntnissen an die I.P.A. zu verfassen, aber ich verheddere mich immer wieder in Unklarheiten und verstieg mich in Spekulationen. Das war nicht meine Aufgabe. Ich zerriss den Brief und fing noch einmal von vorn an. Er wurde nicht besser als der erste. Außerdem war ich müde. Ich brach ab und versteckte meine Aufzeichnungen im Kopfkissen.

Es war Zeit, ins Bett zu gehen. Ich horchte. Von Berta war nichts zu hören.

Auf dem Weg zur Toilette kam ich an der Küche vorbei. Ich schob die Tür auf, sie war nur angelehnt. Berta saß am Küchentisch mit dem Rücken zu mir, vor sich die Gin-Flasche.

»Ich gehe zu Bett«, sagte ich leise, um sie nicht zu erschrecken.

Sie zuckte dennoch zusammen und murmelte nur: »Ja, ja, gute Nacht.«

Als ich zurückkam, saß sie nicht mehr da.

Ich schlief sehr fest. Doch mitten in der Nacht wachte ich auf.

Jemand schnaufte.

Ein Lichtkegel irrte durchs Zimmer. Vor dem Tisch zeichneten sich die Umrisse einer massigen Gestalt ab.

Aus dem tiefsten Schlaf gerissen, war ich vollkommen benommen, mein Kopf schien ungeheuer schwer zu sein, meine Glieder aus Blei. Wie aus einer dumpfen Höhle heraus nahm ich die fremde Gestalt wahr, die doch nur einem

Traum entsprungen sein konnte. Hatte ich denn die Tür nicht abgeschlossen? Was suchte ein fremder Mensch hier? Mühsam rappelte ich mich auf. Die Gestalt drehte sich um und richtete die Taschenlampe auf mich. Ich war geblendet. Nichts mehr zu erkennen.

»Wo ist das Geschreibsel?«, bellte die heisere Stimme von Ernst Pitzek.

»Was?«

»Du schreibst doch immer alles auf. Los, her damit!«

»Ich hab aber gar nichts ...«

»Raus aus dem Bett!«

Er drehte den Lichtschalter um. Im grellen Licht der Glühbirne wirkte das kleine Zimmer wie eine Gefängniszelle.

Er packte mich am Arm und zerrte mich aus dem Bett. Ich taumelte gegen die Kommode. Er warf die Decke zu Boden, riss das Laken von der Matratze, fluchte und baute sich vor mir auf.

»Also wo?«

»Was denn?«

Er drängte mich zur Seite, machte die Schubladen auf, wühlte darin herum und fand nichts. Er fegte die Bücher vom Regal.

»Aber das sind doch Bertas Sachen«, protestierte ich unbeholfen.

Er bückte sich und zog meinen Koffer unter dem Bett hervor, leerte ihn aus. Auch da fand er nichts.

Mit einem Fuß trat er zufällig auf das Kopfkissen. Es knisterte. Er hob es hoch, riss es auf und zog die Kladde heraus, ebenso den unvollendeten Brief. Er ließ seinen Blick darüberschweifen, grunzte zufrieden, steckte es in die Jackentasche und verließ das Zimmer.

Ich wollte ihm nachrufen, dass er das nicht dürfe, aber die Worte blieben mir im Hals stecken. Er ließ die Tür offen stehen, trampelte durch den Flur zur Haustür und ging.

Ich zitterte am ganzen Körper. Notdürftig machte ich das Bett wieder zurecht und zog die noch warme Decke über mich. Irgendwann ließ das Zittern nach, aber schlafen konnte ich nicht mehr.

– 12 –

Als es endlich hell wurde, stand ich auf und zog mich an. Ich räumte meinen Koffer wieder ein und setzte mich in Mantel, Schal und Hut auf den Stuhl, überlegte und entschied: Du musst hier weg!

Doch wo konnte ich hin? Was sollte ich tun? War meine Mission schon gescheitert? Das zuzugeben widerstrebte mir zutiefst. Jetzt aufgeben? Das kam nicht in Frage! Ich hatte ja noch nicht einmal mit Frau Erkens selbst gesprochen.

Ich stand auf, griff nach meinem Koffer und trat in den Flur. Berta kam eilig aus der Küche und versperrte mir den Weg.

»Willst du nicht frühstücken?«

»Nein.«

»Was hast du vor?«

»Ich gehe.«

»Das darfst du nicht.«

»Wie bitte? In der letzten Nacht ist dein … Freund in mein Zimmer eingedrungen und hat alles durchsucht. Er hat meine Aufzeichnungen gestohlen!«

»Das tut mir leid, aber ich bin dafür verantwortlich, dass du …«

»Dass ich nichts herausfinde und dass ich von allen wichtigen Informationen fern gehalten werde. Das tut dir keineswegs leid.«

»Aber Jennifer, wie kommst du denn darauf? Ich habe dich doch die ganze Zeit herumgeführt.«

»Immer in die falsche Richtung, damit ich bloß nichts erfahre.«

»Ich weiß gar nicht, was du hier willst. Das ist doch alles im Grunde längst erledigt.«

»Unter den Teppich gekehrt! Nach allem, was ich inzwischen weiß, fände ich es nicht mehr ungewöhnlich, wenn die beiden Toten auf Pellworm ermordet worden sind!«

Vielleicht hätte ich das nicht sagen sollen, aber im Streit geht man oft zu weit. Berta war sprachlos. Dieser eine Satz brachte sie völlig aus dem Konzept. Sie stierte mich begriffsstutzig an, bleich im fahlen Licht des Morgens, das durch das Dachfenster in der Küche einfiel und die Kälte in der Wohnung beinahe sichtbar machte.

»Außerdem bin ich hier nicht mehr sicher«, sagte ich. »Wegen diesem Pitzek ... und deinetwegen.«

»Ich tu dir doch nichts«, sagte sie kopfschüttelnd.

»Leb wohl, Berta.«

Ich wollte an ihr vorbei, aber sie breitete die Arme aus, um mich aufzuhalten. Eine lächerliche Situation. Als wäre ich ein ungehorsames Kind.

»Berta, bitte!«

»Nein! Das geht nicht!«

In solchen Augenblicken darf man nicht zu lange diskutieren. Ich nahm Bertas Arm, drehte ihn auf den Rücken, schob sie in die Küche und setzte sie auf einen Stuhl. Kaum saß sie da, fing sie an zu weinen.

Ich machte, dass ich fortkam.


Unter meinen Stiefelsohlen knirschte das Eis. Ein Nachbar streute Asche auf den Gehweg. »Tagsüber taut es, nachts gefriert alles wieder«, lamentierte er.

Ich dachte an Rosalinde Hellmann in ihrem adretten grauen Kostüm. Sollte ich mich ihr anvertrauen? Wahrscheinlich wäre das zu viel verlangt. Aber wer sonst konnte mir weiterhelfen? Die Kommunistin fiel mir ein, Klara Schindler.

Natürlich sollte ich mich nicht mit ihr gemein machen, aber wen sonst konnte ich ansprechen?

Ich glitt aus und wäre beinahe hingefallen.

»Vorsicht!«, rief der Nachbar mir nach.

Ich machte mich auf den Weg in die Straße mit den roten Transparenten, ins Labyrinth der engen Gassen und Gänge. Ich ging mehrmals in die Irre, obwohl ich immer wieder nachfragte. Als ich an einer Ecke wirklich nicht mehr weiter wusste, standen auf einmal ein paar Kinder in zerschlissenen Mänteln neben mir und starrten mich an. Ich versprach ihnen ein paar Groschen und sie führten mich in kürzester Zeit durch enge Passagen zwischen bröckelnden, porösen Mauern hindurch. Dann stand ich da, wo ich Klara das letzte Mal getroffen hatte, und fragte einen Mann, der in der kalten Luft bei geöffnetem Fenster mit nacktem Oberkörper Turnübungen vollführte, nach ihrer Wohnung. Er deutete auf den Durchgang, an dessen Wänden in abgeblätterten Buchstaben die Worte »Druckwerkstatt« und »Schuhmacher« standen. Ja, natürlich, fiel es mir wieder ein, dahin hatte sie doch auch gezeigt.

Im Hinterhof ein niedriges Haus mit nur zwei Geschossen, im Treppenhaus eine Kreidetafel mit den Namen der Bewohner. »Schindler, OG re.«

Mit klopfendem Herzen stieg ich knarrende Stufen hinauf. Die Nacht, die Begegnung mit Berta, der Irrweg durchs Labyrinth der Gänge hatten an meinen Nerven gezerrt. Und nun war ich drauf und dran, mich einer Kommunistin anzuvertrauen.

Sie war nicht da. Ich war enttäuscht.

Der Turner mit dem nackten Oberkörper war gar nicht erfreut, dass ich ihn schon wieder störte.

»In der Redaktion wird sie sein, bei der *Volkszeitung*«, sagte er und deutete mit einer Hantel in die entsprechende Richtung. »Valentinskamp, da.«

Die Kinder hatten auf mich gewartet und machten sich einen Spaß daraus, mir ihre Lieblingsabkürzungen zu zeigen. Sie erboten sich, meinen Koffer zu tragen, gaben aber bald auf, er war ihnen zu schwer. Dank ihrer Hilfe gelangte ich rasch auf breitere Straßen und kam an einer Synagoge vorbei, schließlich auf einen großen Platz, von dem aus mehrere Straßen abgingen, darunter der Valentinskamp.

Nach wenigen Schritten stand ich vor dem Bezirksbüro der Kommunistischen Partei. Davor parkten Automobile mit aufgemalten roten Sternen und revolutionären Parolen. Ein Lastwagen warb für das Preisausschreiben der *Hamburger Volkszeitung* und forderte gleichzeitig: »Wählt Liste 3 – Kommunisten!«

Vor dem Druckerei- und Redaktionshaus herrschte reges Treiben, Zeitungsverkäufer und Bücher-Kolporteure mit dicken Taschen kamen und gingen, Karren und Lieferwagen wurden mit Stapeln frisch gedruckter Zeitungen und Flugschriften beladen.

Das also war die Welt von Klara Schindler. Ich betrat das Gebäude, das auch die Parteizentrale beherbergte, und fragte mich durch.

Da ich das Gefühl hatte, als Polizistin hier nicht besonders geschätzt zu werden, gab ich mich als »Bekannte« von Klara aus und wurde in den zweiten Stock verwiesen. Dort gelangte ich durch einen mit Plakaten beklebten Flur in ein Redaktionszimmer. Ein älterer und ein jüngerer Mann, die mich wohl für eine Funktionärin der englischen Kommunisten hielten, waren sehr bemüht herauszufinden, wo Klara Schindler sich befand. Sie deuteten auf ihr Schreibpult, an das ich mich doch bitte setzen sollte, um kurz zu warten. Ich nahm Platz auf Klaras Drehstuhl und besah mir das Durcheinander von Papieren, Zeitungen, Zeitschriften, Büchern und Zetteln, über dem eine Schreibmaschine Marke »Torpedo« thronte. Ich verspürte den Drang, in ihren Sachen herumzustöbern. Aber unter den Augen dieser Kommunisten, die mir, wie ich zugeben muss, einigen Respekt einflößten, wollte ich mir lieber keine Blöße geben.

Auf dieser wuchtigen Maschine schrieb Klara also mit ihren langen, dünnen Fingern Artikel für die *Volkszeitung* ... Ich drehte mich nach rechts, nach links, warf hochnäsig-kritische Blicke auf meine Kollegen, die ich Genossen nannte, steckte mir eine Zigarette in den Mund, zündete sie an und pustete den Rauch dem jungen Redakteur entgegen, der sich auf das nebenstehende Pult stützte und mich bedauernd anblickte: »Genossin Schindler wird heute sehr wahrscheinlich nicht mehr reinkommen.«

Ich schrak zusammen, als ich merkte, dass er mich ansprach. Ich war ins Träumen geraten, kein Wunder nach der schlaflosen Nacht.

»Wie bitte?«

»Sie wird nicht mehr kommen. Niemand weiß, wo sie im Augenblick ist. Mir hat sie gestern gesagt, dass sie das Kabarett-Programm ›1001 blaues Wunder‹ anschauen will. Das startet heute Abend an der Reeperbahn im Café Liss. Die Aufführung soll fortschrittlich sein, aber das Lokal ist eher bürgerlich. Wie ich Klara kenne, wird sie einen Verriss schreiben, aber zu sehr ästhetisch argumentieren, den Klassenstandpunkt nicht deutlich genug machen und sich deshalb mit dem Chefredakteur in die Haare kriegen. Wenn du lieber echte proletarische Literatur aus Deutschland kennenlernen willst, dann komm doch mit mir. Heute Abend gibt's eine szenische Lesung aus Bredels *Maschinenfabrik* in Altona. Deutsche Arbeiterkultur ist ja für dich vielleicht interessanter, wenn du aus England kommst. Kennst das hier bei uns ja noch nicht, oder?«

Ich lehnte ab, und er zog sich schmollend zurück. Wenn er gewusst hätte, dass ich keine britische Genossin, sondern eine Polizistin war, wäre er bestimmt nicht mehr so erpicht auf eine Verabredung gewesen.

Ich machte mich wieder auf den Weg. Zunächst zum Dammtor-Bahnhof, wo ich meinen Koffer bei der Gepäckaufbewahrung abgab. Danach lief ich ratlos Richtung Gänsemarkt, ließ mich treiben.

Einige Zeit später fand ich mich vor der Glasfront des Café Krohn wieder. Ich spähte hinein. Kein graues Kostüm, kein Blondschopf. Ich trat dennoch ein und bestellte Bier, dazu Wiener Würstchen. Die Damen am Nebentisch schienen sich über das Bier zu wundern.

Ich las mehrere Zeitungen durch, um die Zeit totzuschlagen und meine Ratlosigkeit zu überspielen. Im *Hamburger Correspondent* stieß ich auf eine Meldung, die mich erschreckte. Unter der Überschrift »FRAU ERKENS ERKRANKT« stand da:

»Die Hamburger Regierungsrätin Josephine Erkens, die früher Leiterin der weiblichen Kriminalpolizei war, befindet sich seit vergangenem Montag in ihrer Wohnung in einem Hungerstreik. Sie will durch diese Maßnahme die Polizeibehörde, die Bürgerschaft und den Senat zwingen, ihre Angelegenheit, d.h. die verschiedenen Disziplinaruntersuchungen, vor der größeren Öffentlichkeit zu behandeln.

Frau Erkens, die im Alter von 42 Jahren steht, ist eine ungemein energische Frau, die seit Montag nicht nur die Nahrungsaufnahme, sondern auch die Flüssigkeitsaufnahme verweigert. Infolgedessen ist der Körper schon in den 48 Stunden stark ausgetrocknet. Die Ärztin, die die Streikende beaufsichtigt, hat ihr dringend zugeredet, wenigstens Flüssigkeit zu sich zu nehmen. Frau Erkens hat dies jedoch strikt abgelehnt. Die Ärztin hat deshalb veranlasst, dass am morgigen Tage die Überführung von Frau Erkens in ein Krankenhaus erfolgt. Sie wird aber in einer Privatklinik untergebracht werden, um, wie sie sagt, nicht durch staatliche Eingriffe am Leben erhalten zu werden. Bemerkenswert ist, dass Frau Erkens ihre sämtlichen Papiere in der Nacht von Sonntag zu Montag geordnet hat und auch genaue testamentarische Bestimmungen und eine Anzahl sehr wichtiger schriftlicher Ausführungen zu ihrem Fall verfasste. Diese Papiere sind, soweit sie nicht in ihrem Schreibtisch eingeschlossen sind, an anderer Stelle deponiert.«

Die Meldung rüttelte mich auf. Frau Erkens kämpfte mit allen ihr zur Verfügung stehenden Mitteln gegen den Staat, dem sie kurz zuvor noch hingebungsvoll gedient hatte, und provozierte damit ein ungeheuerliches Drama!
Ich verließ das Café und suchte mir eine Straßenbahn. Das letzte Stück legte ich zu Fuß zurück, und wieder sah ich schon von Weitem die Reporter vor dem Eingang.
»Keine Chance, Fräulein!«, rief einer der Journalisten mir nach, als ich an ihnen vorbei zum Wachposten ging. Ich zeigte dem Beamten meine Marke, nannte Dienstgrad und Namen (wobei ich mich bemühte, ihn deutsch klingen zu lassen), und er ließ mich durch. Vor der Wohnungstür stand diesmal kein Polizist. Auf mein Klopfen hin öffnete die Ärztin und schüttelte heftig den Kopf, als ich ihr die Marke zeigte. Auch als ich darauf hinwies, ich sei aus England und zur Unterstützung von Frau Erkens gekommen, lenkte sie nicht ein. »Sie ist sehr krank, sehr schwach. Außerdem schläft sie. Wenn die Behörde nicht aufhört mit ihren Schikanen, wird es bald ein drittes Todesopfer in dieser Tragödie geben!«
Mutlos trat ich nach draußen.
»Siehst du, das kannst du vergessen, Mädchen«, sagte einer der Reporter. »Die redet nur noch mit den Kommunisten!«
»War denn jemand von der *Volkszeitung* bei ihr drin?«, fragte ich.
»Ausgerechnet die Schindler hat sie reingelassen«, sagte der Journalist vom *Echo*, den ich schon kannte. »Wenn sie mit den Kommunisten zusammengeht, muss sie ja ganz schön verzweifelt sein. Was wollen Sie denn von ihr?«
Da ich kein Interview im Namen der International Police-

women's Association geben wollte, schüttelte ich nur den Kopf und ging davon.

Ich fuhr zurück in die Innenstadt, suchte ein Postamt auf und schickte ein Telegramm nach London, in dem ich knapp die aufregenden Entwicklungen im Fall Erkens mitteilte.

Anschließend holte ich meinen Koffer am Dammtor-Bahnhof ab und nahm ihn mit nach St. Pauli. Irgendwo würden wir beide schon unterkommen, der Koffer und ich.

– 13 –

»Na, Wachtmeisterin, wieder auf der Pirsch?«

Ich schreckte auf, als Klara Schindler mich von der Seite ansprach. Sie lachte und baute sich vor mir auf. Natürlich mit der unvermeidlichen Zigarette in der Hand. Sie trug wieder ihre rote Krawatte. Kein Mantel, keine Mütze. Eine Hand in der Hosentasche. Sie war die einzige Frau in Hosen, ich die einzige in Tweed.

»Ich habe Sie gesucht.«

»Ausgerechnet hier?«

»Ich habe mich in der Redaktion erkundigt.«

»Tatsache? Scheint ja dringend zu sein mit uns beiden.«

»Ein Kollege von Ihnen hat mir erklärt, Sie beabsichtigen einen Artikel über das Kabarettprogramm zu schreiben ...«

»Na, auf den Artikel kann er lange warten.«

Sie schaute sich um, als würde sie jemanden suchen, fand ihn offenbar nicht und zuckte mit den Schultern. Das Kaffeehaus, auf dessen Bühne ein holländisches Jazzorchester eine spanische Sängerin begleitete, füllte sich jetzt. Im Schaukasten draußen vor dem Eingang hatte ich das Plakat studiert, dass die heutige Kabarettvorführung mit dem Titel »1001 blaues Wunder« ankündigte.

Klara nahm sich einen Stuhl vom Nebentisch, obwohl an

meinem noch zwei freie Stühle standen und setzte sich rittlings darauf.

»Du warst am Valentinskamp und hast mich gesucht?«

»Ja.«

»Aus welchem Grund?«

»Weil ich … man hat mich …«

Ihr Blick fiel auf den Koffer, den ich unter den kleinen runden Tisch geschoben hatte.

»Rausgeschmissen?« Der Gedanke schien sie zu amüsieren.

»Ich musste meine Unterkunft verlassen.«

Die Sängerin stimmte leise eine Ballade an, nur begleitet von Klavier und Klarinette.

»Gab's Ärger?«

»Das kann man wohl so nennen. Der … Bekannte meiner Gastgeberin hat mich letzte Nacht in meinem Zimmer überfallen …«

»Oh.« Sie kniff die Augen zusammen. »Das ist aber …«

»Nein, nicht so, wie Sie denken. Er hat mich bestohlen. Auf meine Aufzeichnungen hatte er es abgesehen.«

Klara rückte ihren Stuhl näher zu mir. »Die Gastgeberin, war das die Polizistin, der Wachhund?«

»Ja.«

»Und ihr Freund, ist der auch Polizist?«

»Ich glaube ja.«

»Und der hat sich die Aufzeichnungen zum Fall Erkens unter den Nagel gerissen?«

»So ist es.«

Sie stand auf, drehte den Stuhl um und setzte sich jetzt ordentlich neben mich. Dann winkte sie dem Kellner, der mich bisher ignoriert hatte. Er kam sofort und brachte augenblicklich die bestellten Biere. Die Sängerin verließ die Bühne. Klara sah ihr nach. Das Orchester spielte eine Swing-Nummer. Einige Paare erhoben sich und traten auf die Tanzfläche.

Klara rückte näher. Wir mussten recht laut sprechen, um uns zu verständigen.

»Eine englische Polizistin wird von deutschen Polizisten bedroht und bestohlen? Klingt so, als seien die im Stadthaus nicht mehr mit deinen Ermittlungen einverstanden.«

»Das waren sie sowieso nie. Ich wurde die ganze Zeit behindert. Kaum jemand redet offen. Alle haben Angst.«

»Und Frau Erkens ist im Hunger- und Durststreik«, sagte sie nachdenklich. »Klingt, als würde die Angelegenheit langsam interessant.«

»Vor allem sind auch ganz neue Fragen aufgetaucht«, sagte ich und erzählte ihr von dem obskuren Abschiedsbrief der Toten von Pellworm und den nach ihrem Verschwinden zerstörten Vasen.

»Schlanbusch wusste, wohin die beiden gefahren sind, obwohl es nicht in ihrem Brief stand?«

»Ja, es stand nur allgemein Halligen. Und Pellworm ist …«

»… gar keine Hallig«, stellte Klara fest. »Das ist wirklich eigenartig. Ich erinnere mich noch an die Zeitungsberichte. Der Fall hat nicht wenig Staub aufgewirbelt im letzten Sommer. Eins hat mich damals schon sehr verwundert: Es hieß immer, Schlanbusch habe sofort nach Erhalt des Briefs einen Beamten nach Pellworm geschickt und der habe sie tagelang gesucht und nicht gefunden.«

»Wie groß ist diese Insel denn?«

»Ich war nie dort, aber sehr groß kann sie nicht sein. Ich könnte mir vorstellen, dass man sie an einem Tag zu Fuß umrunden kann. Der Beamte aus Hamburg würde normalerweise den Schutzmann auf der Insel zu Hilfe nehmen. Es war auch eine Suchmeldung im Radio durchgegeben worden. Die beiden Frauen sollen am Strand gelegen haben. Es war Feriensaison. Auf Pellworm waren Sommergäste, die jeden Tag zum Strand gingen, um zu baden. Und die haben zwei tote Frauen übersehen?«

»Aber was bedeutet das?«

»Ich kann mir keinen Reim darauf machen. Aber die Sache stinkt gewaltig. Dass dieser erzreaktionäre Schlanbusch Dreck am Stecken hat, ist mir sowieso klar, allmählich wird es aber widerlich ...«

»Vielleicht sind die beiden ja gar nicht direkt nach Pellworm gefahren«, gab ich zu bedenken, »sondern waren erst noch woanders. Oder sie sind an einem anderen Ort zu Tode gekommen und man hat ihre Leichen später dorthin gebracht.«

»Ausgerechnet nach Pellworm? Warum sollte man das tun?«

»Vielleicht wurden sie ja ins Wasser geworfen und dann angeschwemmt. Das würde erklären, warum sie so lange unauffindbar waren.«

Klara steckte sich eine neue Zigarette an. Nun blies sie mir den Rauch nicht mehr ins Gesicht, sondern an mir vorbei oder über mich hinweg. »Dazu passt, dass sie angeblich gefesselt waren. Mit Steinen beschwert womöglich? Die Steine lösen sich, die Leichen tauchen wieder auf.«

»Nachdem sie erschossen wurden? Und dann gab es keine Obduktion?«

»Nie und nimmer, die wurden gleich verscharrt. Und es hieß offiziell auf einmal, sie hätten sich vergiftet.«

»Vielleicht hat der Beamte, den Schlanbusch geschickt hat, ja die Todesursache festgestellt.«

»Der war nicht zuständig, sondern die preußische Polizei.«

»Und die?«

»Von der wissen wir gar nichts.«

»Man müsste den Wachtmeister vor Ort fragen.«

Klara schaute nachdenklich auf den Rauch ihrer Zigarette, der ganz gerade aufstieg. »Das alles hört sich schon beinahe so an, als habe der Mann, der hinter den beiden hergefahren ist, sie gefunden ... und dann alles so arrangiert ...«

»Ein Mord im Auftrag der Polizei? Aber das wäre ja entsetzlich!«

»Wäre nicht der erste«, murmelte Klara.

»Nur warum? Eine so ungeheuerliche Geschichte ... aus welchem Grund denn?«

»Schlanbusch und seinen Leuten traue ich alles zu.«

»Seine Leute?«

»Dr. Friedrich Schlanbusch aus Wandsbek ist ein Karrierist. Er hat sich aus kleinen Verhältnissen nach oben gearbeitet, sein Vater war Schlossermeister. Er wurde Staatsanwalt, dann Richter, dann stellvertretender Polizeipräsident, ganz zielstrebig. Seit 1925 ist Schönfelder Polizeisenator und die beiden kommen prächtig miteinander aus, trotz Schlanbuschs Kontakten zu deutschnationalen Kreisen. Merkwürdig, nicht?«

»Wieso merkwürdig?«

»Weil Schönfelder Gift und Galle spuckt, wenn es um deutschnationale Umtriebe geht. Aber seinen Schlanbusch, den verhätschelt er. Die eigene Parteigenossin Erkens hingegen hat er geschasst.«

»Und? Wie lässt sich das erklären?«

»Schlanbusch hat Schönfelder in der Hand. Jedenfalls meint das Frau Erkens. Schönfelder hat ein uneheliches Kind mit einer Fürsorgerin aus dem Jugendamt, sagt sie, und vertuscht das. Schlanbusch weiß davon. Frau Erkens hat das ihrem Hamburger Parteivorsitzenden mitgeteilt, im Mai letzten Jahres. Zwei Monate später wurde sie gefeuert und hatte ein Disziplinarverfahren am Hals. Die beiden Toten kamen genau zur rechten Zeit.«

»Wäre es denn ein so großes Drama, wenn der Polizeisenator ein uneheliches Kind hätte?«

»Was weiß ich? Die kleinbürgerliche Moral der Sozialdemokraten kennt man ja. Übrigens hat Schönfelder zurückgeschlagen. In einer Fraktionssitzung der Sozialdemokraten hat er behauptet, Frau Erkens sei selber dem Sexualleben verfallen, mit dessen krimineller Untersuchung sie beauftragt gewesen war. Das sagt doch alles!«

»Wirst du das in deiner Zeitung schreiben?«

»Na klar. Und wenn wir erst mal herausgefunden haben, wie die beiden Polizistinnen auf Pellworm umgekommen sind, dann rollen wir den Fall ganz neu auf und kippen Schönfelder aus dem Amt!«, rief sie, legte eine Hand auf meinen Arm und drückte ihn. Ihre Augen glänzten vor Begeisterung.

»Na, ihr beiden Turteltäubchen«, ertönte eine Stimme neben uns.

Wir sahen auf. Es war eine so freche Anrede, dass ich merkte, wie ich knallrot wurde.

»Ach, Kurt«, sagte Klara, »du unterbrichst mich immer dann, wenn es gerade interessant wird.« Sie ließ meinen Arm los, wobei sie ihre Fingerkuppen ganz sachte über meinen Handrücken gleiten ließ.

Klara stand auf, ich ebenfalls.

»Darf ich vorstellen, Jennifer Stevenson, Kurt Ritter. Ihr seid beide völlig gegensätzlich und werdet euch nicht verstehen, so viel ist sicher.«

Es war eine eigenartige Vorstellung. Kurt Ritter lachte, reichte mir die Hand und sagte:»Enchanté, Mademoiselle«, und deutete spöttisch einen Handkuss an.

Er war eine stattliche Erscheinung, nicht unbedingt sportlich, aber groß, nicht bürgerlich, aber elegant, wenn auch ein wenig halbseiden, wie ich fand. Blonde Haare, glatt zurückgekämmt, ein ebenso blondes Oberlippenbärtchen. Der karierte Knickerbocker-Anzug und die Motorradbrille, die er um den Hals trug, irritierten mich zunächst, aber es stellte sich heraus, dass er zu Anfang des Stücks einen Motorradfahrer spielen sollte.

»Es geht gleich los«, sagte Kurt.

»Du wirst dich wieder zum Narren machen«, stellte Klara gnadenlos fest.

»Für dich tu ich das doch gern«, gab Kurt zurück.

Das Orchester verstummte, die Tanzenden gingen zu ihren Plätzen zurück.

»Wir sehen uns dann später«, sagte Kurt und ging.

– 14 –

Das Stück fand ich unverständlich. Zwei Männer (einer davon Kurt Ritter) und eine Frau trafen in verschiedenen Alltagsszenen zusammen, die alle absurd wirkten. Es gab Anspielungen auf gesellschaftliche und politische Zusammenhänge, die ich größtenteils nicht begriff. Was daran witzig sein soll, wenn einem Schäferhund eine Karotte angeboten wird oder ein kleiner Soldat behauptet, er wolle nach Holland marschieren, um sich eine Käsekrone abzuholen, war mir ein Rätsel. Noch schwieriger war es, den Wortspielen einer »Reimerei-Raserei« zu folgen. Klara lachte manchmal laut auf. Die meisten Gäste schienen ähnlich ratlos zu sein wie ich. Es gab Buh-Rufe, Klara schrie »Bravo« dagegen, und irgendwann war es zu Ende.

Die wenigen Requisiten verschwanden von der Bühne, und das Orchester spielte wieder.

»Schon wieder nach der Premiere gefeuert«, sagte Kurt Ritter mit schiefem Grinsen, als er sich zu uns setzte. Er trug jetzt einen normalen Straßenanzug. »Wir werden noch einen Rekord aufstellen. Die anderen beiden sind durch die Hintertür entwischt. Man hat uns die Gage gestrichen, weil wir ein anderes Programm als vereinbart gespielt haben.« Er zwinkerte listig. »Ich hatte ein Goethe-Schiller-Lessing-Potpourri im Art-Deco-Gewand versprochen, darunter hat der Vergnügungsdirektor des Hauses sich wohl etwas anderes vorgestellt.«

»Ich habe überhaupt nichts verstanden«, gab ich zu.

Er musterte mich. »Das wäre dann mehr als bei den anderen Anwesenden.«

»Sei nicht traurig, Kurt«, sagte Klara. »Du hast dir einfach den falschen Ort für deine Aufführung ausgesucht.«

»Aber nein! Die Leute hier haben alles richtig gesehen. Ihre Ratlosigkeit passte vorzüglich zum Thema. Schau sie dir doch an.« Er machte eine weit ausholende Armbewegung. »Die wissen ganz genau, dass das Licht am Ende des Tunnels nur eine fast abgebrannte flackernde Kerze ist. Totes Gleis! Vielleicht sollte meine nächste Revue diesen Titel tragen!«

»Zunächst solltest du dich beruhigen und einen Schnaps trinken«, schlug Klara vor.

»Eine gute Idee. Ich werde mein nicht erhaltenes Honorar versaufen.« Er winkte dem Kellner: »Grog! Rum! Nein, Cognac!«

Klara schüttelte missbilligend den Kopf. »Ich darf dich daran erinnern, dass du nach deinem Engagement im Liliput wegen Zechprellerei angezeigt wurdest.«

»Es war meine schönste Nacht! Im Keller der Davidwache gegenüber dem Hundezwinger. Sie haben mich in den Schlaf gewinselt. Keine lästige Bettdecke übrigens, in der ich mich hätte verheddern und erdrosseln können, kein Fenster, durch das schädliche Zugluft drang, nur eine Pritsche aus harter deutscher Eiche als Heimstatt. Schopenhauer hätte diese Askese geliebt ... nur seinen Pudel hätte er in den Zwinger zwingen müssen ...«

Der Kellner stellte drei Gläser Cognac auf den Tisch.

»Das wird dich ruinieren, Kurt«, sagte Klara.

»Quatsch!«, rief er, beugte sich vor und fügte flüsternd hinzu: »Wenn wir schon die Zeche prellen, soll es sich auch lohnen.«

Klara deutete auf mich: »Sie wird dich verhaften.«

»In ihren Armen gefesselt?« Kurt schaute mich von oben bis unten an. Und so wie er das tat, kam es mir beinahe vor, als würde er durch meine Kleider hindurchspähen. »Da werden Wasser und Brot zu Milch und Honig.«

»Sie ist Polizistin, Kurt.«

Er schaute sie verblüfft an. »Nein!«

»Doch!«

Er lachte. »Du hast dir eine Schönfelder-Schergin geangelt?« Er schaute mich an. »Entschuldige bitte, so drückt Klara sich gemeinhin aus, es ist nicht persönlich gemeint.«

»Ich hab sie mir keineswegs geangelt«, sagte Klara, plötzlich verstimmt. Sie griff nach dem Cognac-Glas und stieß damit die beiden anderen an. Wir tranken aus, Klara bestellte eine neue Runde, und Kurt beeilte sich, dem Kellner zu erklären: »Auf meine Rechnung, heute alles auf meine Rechnung. Wir feiern den Erfolg. Wer außer uns hat schon noch Erfolg heutzutage!«

Wenig später fragte er mich: »Und du bist nicht an ihrer Angel?«

»Wie bitte?«

Er lachte zufrieden. Dann fragte er, was mich nach Hamburg geführt habe. Ich erklärte ihm meinen Auftrag, und Klara erzählte, wo wir uns zum ersten Mal getroffen hatten.

Als die dritte Runde Cognac vor uns stand, hob Klara ihr Glas: »Wird Zeit, dass du ein bisschen lockerer wirst, Wachtmeisterin. Du darfst uns ruhig duzen. Wenn man in Deutschland zusammen trinkt, dann sagt man du.« Sie schaute mir in die Augen und sagte: »Jennifer?«

»Jenny ... wenn wir jetzt befreundet sind?«

»Sind wir, Jenny.« Sie wandte sich an Kurt. »Wie Jenny Marx, die ging auch nach London.«

»Lass mich bloß mit Marx in Ruhe«, brummte er.

»Tatsächlich stamme ich aus Schottland ...«, begann ich, aber Kurt hob die Hand und rutschte mit seinem Stuhl zu mir. Das Glas in der Hand, schlang er seinen Arm um meinen, und in dieser komplizierten Pose sollte ich mit ihm trinken. Dann gab er mir einen Kuss auf jede Wange. Ich schloss dabei die Augen wie ein Backfisch und als ich sie wieder öffnete, schaute Kurt Klara grinsend an, und sie warf ihm einen finsteren Blick zu. Ich wurde aus den beiden nicht schlau.

Um die peinliche Situation zu überspielen, begann ich, von mir und Tante Elsi zu erzählen, und merkte, dass Klara mir aufmerksam folgte. Zwischendrin schüttelte sie den Kopf und murmelte: »Aus Sehnsucht nach Freiheit Polizistin werden ...«

Kurts Blick schweifte durch den Kaffeehaussaal. Als er noch eine Runde Cognac bestellen wollte, erklärte ich, dass ich lieber Bier trinken würde.

»Mit Bier allein werden wir die Rechnung nicht in schwindelerregende Höhe treiben können. Aber bitte, wenn du darauf bestehst.«

Ich hatte großen Durst, trank zu schnell und war nach dem Bier endgültig betrunken. Genauso wie die beiden anderen.

Kurt bestellte Krabbencocktails mit Röstbrot für uns. Zu diesem Zeitpunkt dachte ich schon gar nicht mehr an die Rechnung, die irgendwann auf uns zukommen würde.

Klara und ich versuchten, Kurt den Fall der Toten von Pellworm zu erklären. Als Klara sich in politischen Spitzfindigkeiten über den Fall Erkens verlor und zu monologisieren begann, merkte ich, dass Kurt mich immer aufdringlicher ansah. Das Schlimme daran war, dass es mir gefiel. Mir wurde warm, und ich zog mein Jackett aus. Aber statt mehr frischer Luft hatte es nur den Effekt, dass Kurt mir noch näher auf die Pelle rückte. Ich lehnte mich zurück und legte meine Füße auf den Koffer.

Klara schwadronierte jetzt über den »Arbeiterschlächter« Schönfelder und die »Feigheit der Sozialdemokraten«, die andererseits die Frechheit besäßen, sich als »gemäßigter Flügel des Faschismus« gegen die Arbeiter zu stellen. Sie seien die »Zwillingsbrüder« der Nazis, was man schon daran erkennen könnte, dass sie bei der Eroberung des bürgerlichen Staatsapparats und der »Repressionsmaschine« Polizei genau die gleiche Strategie betrieben wie die Faschisten, »nur dass sie schon früher angefangen haben«.

Kurt gähnte demonstrativ und tat so, als würde ihn das Gerede anöden. Ich konnte Klaras Gedankengängen kaum noch folgen. Irgendwann merkte ich, dass auf meinen Knien je eine Hand lag, auf dem einen die von Kurt, auf dem anderen die von Klara.

Das irritierte mich so, dass ich aufstand und erst mal zur Toilette ging.

Als ich zurückkam, sprachen sie über Kunst. Zu den Stichworten Expressionismus, Neue Sachlichkeit und Verismus konnte ich nicht viel beitragen, war aber erleichtert, als Kurt feststellte: »Siehst du, Proletkult ist dir doch nicht genug. Du bist bürgerlicher, als du denkst, das merkt man schon daran, dass du dir meine Aufführungen ansiehst.«

»Ach was«, sagte Klara. »Das ist nur Dada-Nostalgie. Ich war auch mal ein kunstseidenes Mädchen ...«

»... und hast Röcke getragen. Stand dir übrigens gar nicht schlecht. Du solltest wieder zu schreiben anfangen, Klara, dann könnten wir zusammen was machen ... wie früher.«

»Ich schreibe jeden Tag, Kurtchen, im Dienst der Arbeiterbewegung. Das bewirkt wenigstens was, im Gegensatz zu den kleinbürgerlich-moralischen Ergüssen, die wir damals im Studenten-Kabarett zum Besten gegeben haben.«

Kurt lehnte sich zurück. »Jetzt geht das wieder los! Sei doch nicht so engstirnig.«

Klara schaute ihn ungnädig an. »Engstirnig bist du. Dada ist tot, Kurtchen, du bist auf dem Holzweg, der dich direkt auf den Misthaufen der Geschichte führt.«

Kurt legte den Kopf schief und schaute mich übertrieben treuherzig an. »Und dabei hat sie so schöne Gedichte geschrieben.«

Sie gab ihm einen Klaps. »Halt den Mund!«

Er seufzte resigniert. Sein Blick fiel auf meinen Koffer. »Wo soll der denn eigentlich noch hin?«

»Wir fahren morgen nach Pellworm«, sagte Klara.

Ich war erstaunt. So genau hatten wir das gar nicht besprochen.

»Ach so«, sagte Kurt. »Wohnst du denn bei ihr?«

»Ich wollte mir eigentlich ein Zimmer auf St. Pauli suchen. Seit ich in Hamburg bin, muss ich immer an meine Tante Elsi denken. Wenn ich hier im Viertel bleibe, kann ich vielleicht ein bisschen was von ihrer Vergangenheit kennenlernen ... na ja, das ist nur so eine vage Idee.«

Kurt sprang auf. »Also los, auf geht die Suche nach dem Vermächtnis von Tante Elsi!«

»Sie lebt doch noch«, sagte Klara säuerlich.

»Wie auch immer. Es ist Zeit, dass wir hier verschwinden!« Er schaute sich verschwörerisch um. »Zum Glück haben die anderen meine Klamotten mitgenommen.«

»Das letzte Mal ist er nach einem Auftritt durchs Toilettenfenster geklettert«, flüsterte Klara mir ins Ohr.

Kurt hörte nicht zu. Er trank hastig sein Bier aus und raunte uns dann zu: »Hört zu, wir verschwinden durch die Toilettenfenster und treffen uns an der Talstraße Ecke Schmuckstraße.«

»Geh du schon mal vor«, sagte Klara und zwinkerte mir zu.

Kurt ging betont lässig weg, die Hände in den Hosentaschen. Fehlte nur noch, dass er zu pfeifen anfing.

»Und was nun?«, fragte Klara.

»Ich bin keine Zechprellerin.«

»Dachte ich mir. Legen wir zusammen?«

»Nein. Ich kann ein paar Spesen machen.«

»Na dann.«

»Sollten wir ihn nicht zurückholen?«

»Nein. Jemand, der andere auf die schiefe Bahn schiebt, soll ruhig vorgehen.«

Ich zahlte, nahm meinen Koffer, und wir gingen nach draußen. Wir trafen Kurt an der verabredeten Stelle. Er hatte sich eine Beule zugezogen und hinkte leicht. Trotzdem bestand er darauf, meinen Koffer zu tragen.

»Auf in Elsis Welt!«, rief er. »Wir sollten noch einige Amüsierbetriebe inspizieren!«

Wir gingen los und er legte den Arm um mich. Ich ließ es geschehen, weil ich schon etwas wacklig auf den Beinen war. Klara blieb ein Stück hinter uns. Als wir vor einer bayerischen Wirtschaft namens »Zillertal« ankamen und ernsthaft in Erwägung zogen, hineinzugehen, sagte sie abrupt: »Ich geh nach Hause«, drehte sich um und verschwand zwischen den Passanten.

Kurt meinte dann, der »Blasmusik-Schuppen« sei zwar »eine Gaudi für alle, die sich zum Nihilismus hingezogen fühlen«, leider aber zu teuer, und führte mich in kleinere Lokale, in denen Bohemiens und Matrosen, leichte Mädchen und Ganoven, Künstler und Betrüger verkehrten. An Tante Elsi dachte ich nicht mehr, auch nicht an Klara, ich war viel zu sehr damit beschäftigt, immer wieder gegen Kurts Brust zu sinken. Wir tranken billigen Rum und ich geriet ins Taumeln, aber er blieb immer aufrecht. Irgendwann rutschte ich vom Barhocker und kroch auf dem Boden herum, auf der verzweifelten Suche nach dem Koffer, der ganz in meiner Nähe stand.

Kurt entschied, dass es Zeit war, schlafen zu gehen. Eine Pension zu suchen, sei nicht nötig, meinte er, denn er habe ein sehr breites Bett. Das stellte sich als Lüge heraus.

– 15 –

Erst am nächsten Morgen, als ich meine Brille wieder aufsetzte, bekam ich Gewissensbisse. Ich lag wach und fühlte mich verschwitzt und unwohl unter seiner Decke. Das Zimmer war eng, schmuddelig und kalt. Er hatte nur dies eine, nicht mal eine Küche. Aus dem Treppenhaus drang muffiger Kohl- und Kartoffelgeruch herein. Ich spürte eine leichte Übelkeit. Vor allem aber dachte ich an Klara. Ich hatte sie einfach gehen lassen. Sie war verstimmt gewesen, das wusste ich. Hatte sie geahnt, wie die Nacht enden würde? Hatte ich ihr Kurt weggenommen? Die beiden waren sehr vertraut miteinander gewesen, vielleicht hatte ich in meiner trunkenen Dummheit ein Paar auseinandergebracht, unbeabsichtigt, aber furchtbar tölpelhaft.

Wie machte man so etwas wieder gut? Konnte man einen Mann nach einer Nacht wieder zurückgeben? Würde sie ihn haben wollen? Vielleicht war es besser, die ganze Sache zu verschweigen. Ich könnte ihr doch erst mal gar nichts erzählen und hoffen, dass sie davon ausging, er hätte mich in einer Pension abgeliefert. Dann könnte man die peinliche Angelegenheit einfach vergessen. Ich wollte doch nicht, dass die beiden meinetwegen in Streit gerieten. Schon gar nicht wollte ich mit Klara streiten. Und Kurt? Wenn ich ihn so ansah, wie er neben mir lag und schnarchte, im bleichen Licht des Vormittags, mit seiner mageren Brust und den Sommersprossen auf der knochigen Schulter – jetzt wirkte er gar nicht mehr so souverän wie in der Nacht. Ein säuerlicher Geruch, sein röchelnder Atem, das fleckige Kissen, verklebte Haarsträhnen.

Ich stand leise auf und suchte meine auf dem Boden verstreuten Kleider zusammen. Ein leichter Schwindel überfiel mich. Wie gern hätte ich mich ganz frisch angezogen. Mein Koffer stand neben der Zimmertür, aber ich wollte ihn nicht öffnen. Wenn ich zu laut wäre, würde Kurt aufwachen, und das wollte ich nicht. Ich wollte nicht mit ihm reden. Schon gar nicht wollte ich mich von ihm küssen lassen. Wie hatte es nur dazu kommen können? Es war lange her, dass ich so etwas zugelassen hatte. In deinem Leben ist für einen Mann kein Platz, Jenny, das hast du dir doch oft genug gesagt!

Auf Zehenspitzen schlich ich ins Treppenhaus, die Schuhe in der einen, den Koffer in der anderen Hand. Im Erdgeschoss schnürte ich die Stiefel und schlang den Schal doppelt um meinen Hals. Dann ging ich nach draußen. Der Koffer wog dreimal so schwer wie gestern.

Es war schon beinahe Mittag. Ich musste unbedingt mit Klara sprechen. Wir wollten doch nach Pellworm!

Zwei oder drei Straßenecken weiter wurden meine Schritte langsamer, ich blieb stehen und stellte den Koffer ab. Mit einem Mal kam mir meine Lage verzweifelt vor. Konnte ich meinen Auftrag überhaupt noch durchführen? Wer weiß, was Berta im Stadthaus berichtet hatte. Womöglich durfte ich dort nicht mehr hin. Aber wie sollte ich weitermachen ohne Unterstützung der Polizeibehörde? War ich nicht schon gescheitert? Und dann hatte ich mich auch noch gehen lassen und etwas getan, was ich nie mehr tun wollte. Schon lange hatte ich mich nicht mehr so unwohl in meiner Haut gefühlt.

Mein Blick fiel auf ein Schild »Pension Schmidt – fließend k + w Wasser, 2. OG, Fernsprechapp.«. Ein halbwegs seriöser Hauseingang. Ich trat ein. Ich brauchte Halt, einen zentralen Punkt, von dem aus ich weitermachen konnte, eine Unterkunft – vor allem einen Platz für diesen verflixten Koffer und zweifellos auch fließendes Wasser.

Die Pensionswirtin war eine zurückhaltende ältere Dame, der Zimmerpreis horrend, aber dafür kam wirklich warmes Wasser aus dem Hahn. Ich wusch mich gründlich und spürte neuen Tatendrang. Im Flur stand ein schmales Pult mit einem Telefon. Von dort aus rief ich in der Redaktion der *Volkszeitung* an.

Ein Redakteur nahm den Anruf entgegen und rief laut durch den Raum, ohne die Sprechmuschel abzudecken: »Klara, Telefon!«

»Um was geht es denn?«, hörte ich Klaras Stimme.

Ich war recht nervös und fragte mich, wie ich ihr am Telefon erklären sollte, wie es mir in den letzten Stunden ergangen war.

Der Redakteur rief ihr meinen Namen zu.

»Ich hab jetzt keine Zeit«, hörte ich sie sagen.

Noch bevor ihr Kollege es mir gegenüber wiederholen konnte, hängte ich ein. Nur fünf Worte aus Klaras Mund, und ich war niedergeschmettert. Ich saß da und starrte vor mich hin. Mehrmals ging die Pensionswirtin an mir vorbei und schaute mich beunruhigt an. Nach einer Weile kehrte mein

Kampfgeist wieder zurück. »Na und«, sagte ich laut, »dann fahre ich eben allein nach Pellworm!«

Zurück im Zimmer entschied ich, dass ich nach Altona fahren wollte, um mich dort nach Zügen zu erkundigen. Beim Stichwort Altona fiel mir ein, dass ich völlig vergessen hatte, mich um eine Kontaktperson zu kümmern, deren Namen man mir im Büro der I.P.A. gegeben hatte: Frieda Terheyde war eine Frauenrechtlerin aus bürgerlichem Haus, die sich in Hamburg um die Förderung der Weiblichen Kriminalpolizei verdient gemacht hatte. Sie war mit einem liberalen Kaufmann und Politiker verheiratet und als weltgewandte Dame sogar einmal auf einem Kongress der I.P.A. aufgetaucht, um sich über den internationalen Stand der Frauenpolizei zu informieren. Sie schrieb regelmäßig für deutsche und internationale Zeitschriften der Frauenbewegung und war mit Josephine Erkens bekannt. Bestimmt war sie eine der einflussreichen Frauen, die bei Senator Schönfelder Gehör fanden. Bei ihr konnte ich vielleicht neu anknüpfen und, wenn sie es vermitteln wollte, meiner Aufgabe doch noch weiter nachgehen. Wie dumm von mir, dass ich nicht gleich diesen Weg eingeschlagen hatte. Aber das lag natürlich auch an Berta, die mich seit meiner Ankunft regelrecht bewacht hatte.

Ich telefonierte also noch einmal. Frau Terheyde schien erfreut, von mir zu hören, und willigte ein, mich »am Nachmittag, wann immer es Ihnen passt«, zu empfangen. Ich sagte, ich würde so bald wie möglich kommen.

– 16 –

Eine Villa mit großzügigem Garten nahe der Elbe, ein Dienstmädchen mit weißer Haube, eine Halle in Marmor und eine geschäftige Dame von Anfang vierzig in einem Ensemble aus schwarzem Rock und Sweater mit schrägen farbigen Streifen.

»Gehen wir doch in mein Arbeitszimmer.« Frau Terheyde deutete auf eine Tür.

Ein hübscher barocker Sekretär, eine Bücherwand aus Nussbaum, eine Sitzgruppe mit Sesseln und einem Bambustisch. Das Mädchen servierte englische Kekse und indischen Tee, für beides war ich sehr dankbar.

»Das Ganze ist eine Tragödie«, erklärte sie, als ich sie auf den Hungerstreik von Frau Erkens ansprach. »Ich verstehe nicht, dass Senator Schönfelder das zulassen konnte, er ist doch sonst so ein verständiger Mann. Er darf doch nicht daneben stehen und zuschauen, wie diese arme Frau ihre Gesundheit ruiniert!«

»Wie kamen der Senator und Frau Erkens denn miteinander aus?«

»Oh, die Frauenpolizei war ihm ein Anliegen. Wir haben ihn nach und nach davon überzeugt, und dann hat er sich sehr dafür eingesetzt. Auch Campe, der Polizeipräsident, war angetan von dem Projekt, und sogar Schlanbusch, sein Stellvertreter, äußerte sich lobend über die Aufbauarbeit von Frau Erkens, obwohl er ja eher zu altmodischen Ansichten neigt – wenn er sich denn mal äußert.« Sie lächelte süffisant.

»Mir wurde gesagt, Schlanbusch sei national eingestellt.«

»Ich bin mir nicht sicher, ob er wirklich eine so eindeutige Einstellung hat. Zu Anfang, als alles gut lief, war er positiv gestimmt, dann traten Schwierigkeiten auf und er hüllte sich in Schweigen. Als schließlich die Katastrophe eintrat, war er schon immer dagegen gewesen. Aber mit Schlanbusch muss man sich nicht aufhalten, er tut, was man ihm sagt. Mein Mann – der, nebenbei bemerkt, die Geschicke des Senats von liberaler Seite her mitbestimmt – findet es erstaunlich, dass Schönfelder ihn hält, wo er doch so gar nicht ins Schema passt.«

»Es gab offenbar Gerüchte, Schlanbusch habe Schönfelder in der Hand.«

»Ach, diese leidige Geschichte. Da hat unsere Frau Erkens

sich einen Bärendienst erwiesen. Ihrer Partei übrigens auch. Was für ein Unfug. Senator Schönfelder ist ein Ehrenmann. Eine unappetitliche Affäre kann man ihm wirklich nicht anhängen.«

»Aber dieser Ehrenmann hat immerhin behauptet, Frau Erkens würde selbst jenen Neigungen nachgeben, die sie bekämpfen soll.«

»So? Das haben Sie auch schon gehört? Nun ja, dieser Satz mag gefallen sein. Der Herr Senator hat sich damit sicherlich keinen Gefallen getan, aber es muss zu einem Zeitpunkt geschehen sein, als die Nerven blank lagen.«

»Es gab offenbar sehr heftige Konflikte, vor allem zwischen Schlanbusch und Frau Erkens.«

»Es war nicht gut, diesem Mann die Aufsicht über die Frauenabteilung zu geben. Nicht weil er ein Mann ist, eine Frau oberhalb des Dienstranges von Frau Erkens gab es ja nicht. Er hat sich oftmals sehr undiplomatisch verhalten, zum Beispiel, als er einen männlichen Beamten der WKP versetzte, während Frau Erkens im Urlaub war. Und dann auch noch mit der haarsträubenden Begründung, er sei ein Onanist.«

Ich blickte meine Gesprächspartnerin fragend an.

Sie lachte leise vor sich hin. »Da sieht man, von welch altertümlichem Geist dieser Schlanbusch ist. Er meinte, Schlegel, so hieß der Beamte, sei homosexuell veranlagt. Darauf kam er, weil dieser Schlegel immer sehr blass ausgesehen hat, und schloss daraus, dass dem Beamten die Arbeit in der weiblichen Kriminalpolizei nicht bekam. Seine Kolleginnen waren da ganz anderer Ansicht. Aber der sogenannte Onanist musste gehen, und als Frau Erkens zurückkam, war sie dementsprechend fuchsteufelswild.«

»Das kann man verstehen.«

»Ja sicher, zumal Frau Dopfer sich auf Schlanbuschs Seite schlug, obwohl sie Schlegels Arbeit immer sehr gelobt hatte. Möglicherweise war das der Zeitpunkt, als Frau Erkens begann, in ihrem Zorn Beschwerdebriefe über Schlanbusch dessen Schreibkraft zu diktieren. Das war natürlich sehr ungeschickt und konnte gegen sie verwendet werden. Genauso wie der Ausspruch, es werde bald einen zweiten Fall Lassally geben.«

»Was meinte sie denn damit?«

»Sie spielte damit auf einen Vorfall in einer anderen Abteilung der Polizeibehörde an, bei dem ein nationalsozialistischer Polizeibeamter, ich glaube, er hieß Pohl, während einer dienstlichen Vernehmung mit dem Revolver auf den ihn befragenden Regierungsrat Dr. Lassally schoss. Eine unrühmliche Geschichte. Aber daraus kann man ihr doch keinen Strick drehen. Zumal Schlanbusch diese Äußerung später aufgriff und Senator Schönfelder gegenüber erklärte, er fürchte, es werde noch Mord und Totschlag geben, wenn die Verhältnisse in der Frauenpolizei sich nicht besserten. Als ob es nicht zum großen Teil an ihm gelegen hätte! Dieser Mann ist einfach entsetzlich unsensibel. Was hätte denn zum Beispiel dagegen gesprochen, Frau Erkens eine Dienstpistole zu überlassen, als sie sie forderte?«

»Sie wollte eine Pistole haben und man hat es ihr verweigert?«

»Sie ging ja nachts auf Streife. Da hätte sie sich mit einer Pistole sicherer gefühlt. Übrigens verlangte sie keine Munition. Es ging ihr nur um die Drohgebärde. Als sie keine bekam, nutzte sie die Abwesenheit von Schlanbusch, um sich eine geben zu lassen. Der Amtmann, der sie ihr, eingeschüchtert von ihrem hohen Rang, aushändigte, erzählte Schlanbusch davon, und der holte die Waffe sofort aus ihrem Büro. Vor den Augen aller. Er hätte das weiß Gott auch diskreter regeln können. Sehen Sie, so hat man an ihrer Autorität gekratzt. Da musste sie nach innen, in ihrer Abteilung, natürlich Stärke und Härte beweisen. Und das mag manchen nicht behagt haben.«

»Sie meinen Frau Dopfer und Frau Fischer?«

»Es waren einige, die sich zusammentaten, um zu opponieren. Frau Dopfer hatte da eine gewisse Führungsrolle. Frau Fischer war ihr ja beinahe hörig. Sie war sehr still. Wenn sie von der Erkens einen Rüffel bekam, dann war die Dopfer gleich auf dem Posten. Es war eine unglückliche Dreier-Konstellation. Enttäuschte Liebe war vielleicht auch dabei und eine fatale Vertrautheit, die sich über die Jahre eingestellt und manche im Zwischenmenschlichen nötige Barriere abgeschliffen hatte.«

»Es wird behauptet, Frau Erkens habe ihre langjährigen Mitarbeiterinnen in den Tod getrieben.«

»Sehen Sie, das ist so eine unappetitliche Sache, da frage ich mich, wer das Gerücht in die Welt gesetzt hat ...«

»Schlanbusch?«

»... ich will hier keine unbewiesenen Behauptungen aufstellen. Bewiesen ist aber, dass beide, sowohl die Dopfer als auch die Fischer, übrigens unabhängig voneinander, in ihrer Jugend schon einmal angedroht haben, sich das Leben zu nehmen. Ich habe Frau Fischer einige Male getroffen. Als Vertreterin des Frauenvereins sind wir natürlich ab und zu in der Dienststelle vorstellig geworden. Bei Frau Fischer konnte man die Narben am Arm noch sehen, wo sie mal versucht hatte, sich die Pulsadern aufzuschneiden. Frau Erkens äußerte mir gegenüber einmal, Frau Dopfer habe während ihrer Zeit als Fürsorgerin in Heiligenstadt versucht, sich mit Veronal zu vergiften.«

»Dann sind Sie also der Ansicht, die beiden haben sich auf Pellworm selbst umgebracht?«

»Sicherlich. Gibt es denn daran Zweifel?«

»Ich weiß es nicht, aber ich will auf jeden Fall auf diese Insel fahren und nachfragen.« Ich setzte gerade zu einer Erklärung über die Ungereimtheiten des Falls an, da meldete das Dienstmädchen ein dringendes Auslandsgespräch.

Frau Terheyde verschwand und ich ließ mir Tee einschenken. Dann aß ich alle Butterkekse auf. Als meine Gastgeberin zurückkam, merkte sie es sofort, was mir peinlich war.

»Wo waren wir stehen geblieben?«, fragte sie zerstreut. »Ach ja, Sie sagten, Sie wollten nach Pellworm. Ich weiß nicht, ob das etwas nützen wird. Das alles ist doch schon so lange her. Sprechen Sie lieber mit Frau Erkens ...«

»Aber zu ihr wurde ich bereits zweimal nicht vorgelassen. Es ist ...«

Sie machte eine herrische Geste. »Dann werde ich mich darum kümmern. Sind Sie im Stadthaus erreichbar?«

»Eher in meiner Pension.«

»Geben Sie mir die Nummer, dann werde ich Ihnen Bescheid geben. Es wäre doch widersinnig, wenn ausgerechnet Sie, die Sie gekommen sind, um Frau Erkens auf der internationalen Bühne eine Stütze zu geben, nicht mit ihr sprechen könnten. Sicherlich wird Ihnen hernach der Fall klar werden und in rechtem Licht vor Augen stehen.«

»Vielen Dank.«

»Sie sollten auch mit Senator Schönfelder und Polizeipräsident Campe sprechen.«

»Zu denen konnte ich bisher leider gar nicht durchdringen.«

»So? Eigenartig. Vielleicht nimmt man Sie nicht ernst, weil Sie noch recht jung sind? Ich werde ein gutes Wort für Sie einlegen. Um ein wenig Geduld muss ich Sie allerdings bitten.«

»Ich fahre ja ohnehin erst nach Pellworm.«

»Nun gut, wenn Sie es für notwendig erachten.«

Wieder kam das Mädchen und meldete erneut ein dringendes Telefonat. Frau Terheyde murmelte unzufrieden: »Vielleicht sollte ich den Apparat doch hier ins Zimmer stellen lassen. Wieso sind wir eigentlich so unpraktisch organisiert?« Die Frage stellte sie dem Dienstmädchen, das sich hütete, eine Antwort darauf zu geben.

»Fräulein Stevenson, Sie hören von mir.« Damit rauschte sie davon.

Das Dienstmädchen brachte mich zur Tür.

Wenig später ging ich unter dem kalten blauen Himmel eine kahle Allee entlang auf den Altonaer Bahnhof zu, einer Kathedrale aus Ziegelstein mit zwei spitzen Türmen.

Am Fahrkartenschalter erfuhr ich, dass das Schiff nach Pellworm in Husum um 11 Uhr 45 abfahren würde. Um rechtzeitig dort zu sein, müsste ich den Zug ganz früh am nächsten Morgen nehmen. Ich holte mir eine Fahrkarte dritter Klasse für den nächsten Tag, kaufte mir einen zwei Tage alten *Manchester Guardian*, um mich über die Geschehnisse in der Heimat auf dem Laufenden zu halten, und trank im Ausschank des Wartesaals ein Bier.

Die Straßenbahn brachte mich nach St. Pauli. Nach einem frühen Abendessen ging ich zurück in die Pension. In meinem Zimmer legte ich mich aufs Bett und dachte über Klara und Kurt nach. Hoffentlich sah ich die beiden nicht allzu bald wieder.

Draußen wurde es dunkel. Es war schon recht spät, als die Wirtin mich ans Telefon rief.

Frieda Terheyde teilte mir mit, dass man Frau Erkens nach einem Schwächeanfall wegen schwerer Funktionsstörungen der Nieren und des Herzens ins Jerusalem-Krankenhaus eingeliefert habe. »Ein Gespräch wird nun erst einmal nicht möglich sein.«

## ZWEITER TEIL: **DIE SENSE SINGT**

– 17 –

Der schwarze Rumpf des Motorschiffs durchschnitt die Wellen wie eine scharfe Messerklinge. Schwere Wolken hingen über der kabbeligen See, diffuses Grau bis zum Horizont, gelegentlich sprühte ein Gischtregen über den Bug. Unter Deck spürte man das stete Vibrieren des Dieselmotors, der eiserne Körper erzitterte wie bei einem kraftstrotzenden Tier, das seine Arbeit verrichtet.

Nur wenige Passagiere waren an Bord, Männer und Frauen mit wettergegerbten Gesichtern in grober Kleidung, einzeln an Tischen sitzend, die einander nicht ansahen und nichts weiter taten, als das Ende der Überfahrt abzuwarten.

Ich saß in der Ecke und war kaum zu einem klaren Gedanken fähig. Gern hätte ich mich auf der Holzbank ausgestreckt, wagte es aber nicht. Eine unruhige Nacht mit wirren, dummen Träumen lag hinter mir, nach der unbequemen Zugfahrt fühlte ich mich wie gerädert, die stickige Heizungsluft verursachte mir Übelkeit.

Dann lieber frieren. Ich ging an Deck und beobachtete eine einsame Möwe, die das Schiff begleitete. Folgte sie nur heute dem Schiff, oder war sie vor acht Monaten am 3. Juli auch mitgeflogen? Hatte sie die beiden Frauen genauso von der Seite her angeblickt wie mich jetzt gerade, vielleicht sogar bemerkt, dass mit ihnen etwas nicht stimmte? War irgendeinem der Passagiere an ihnen etwas aufgefallen? Hätte ich, wenn ich damals an Bord gewesen wäre, den beiden angesehen, dass sie eine schwere Bürde trugen?

Die Tragödie von Therese Dopfer und Maria Fischer hatte sich im Sommer zugetragen. Mit Sicherheit waren viel mehr Passagiere auf dem Schiff gewesen, Feriengäste, in hellen Kleidern unter dem blauen Himmel an der Reling stehend, erwartungsfroh nach der Insel Ausschau haltend. Und dazwischen die beiden gescheiterten Polizistinnen aus Hamburg. Was hatten sie miteinander gesprochen? Wenn sie tatsächlich mit allem abgeschlossen hatten, wie der angebliche Abschiedsbrief behauptete, dann gab es nicht mehr viel zu bereden. Was aber, wenn diese Reise ein Neuanfang sein sollte? Wenn der Abschiedsbrief eine Fälschung war, dann wäre alles denkbar.

Und warum Pellworm? Hatten sie gemeinsame Erinnerungen an die Insel? Waren sie schon einmal hier gewesen? Die schweigsame, zurückhaltende Maria hatte eine zarte Gesundheit gehabt. Hoffte sie, an der gesunden Meeresluft wieder zu Kräften zu kommen? Erholung hatten sie beide bitter nötig.

In Husum hatte ich in einem Glaskasten einen Fahrplan vom letzten Jahr entdeckt. Die Abfahrtszeiten der Inselfähre hingen von Ebbe und Flut ab. Am 3. Juli 1931 hatte die »MS Pellworm« um 16 Uhr 05 abgelegt. Wenn Thesy Dopfer und Maria Fischer, so wie ich, mit dem frühen Zug in das Hafenstädtchen gekommen waren (denn zweifellos hatten sie Hamburg so schnell wie möglich verlassen wollen), mussten sie einige Stunden warten. Waren sie in der Stadt herumspaziert oder hatten sie sich irgendwohin zurückgezogen? War der Abschiedsbrief schon geschrieben? Hatten sie ihn in Hamburg in den Briefkasten gesteckt oder erst später? Sie werden ihn wohl kaum in einem Café in Husum zwischen all den Sommerfrischlern verfasst haben.

Falls sie ihn überhaupt geschrieben haben. Und was, wenn

sie in Wahrheit optimistisch in die Zukunft blickten? Hatte sie womöglich jemand in Husum abgefangen und später nach Pellworm gebracht und dann den Abschiedsbrief geschrieben, um einen Mord als Selbstmord auszugeben? Aber wo war das Motiv für eine solche Untat?

»Wenn man nicht mehr an das Gute und Gerechte glauben kann, ist es besser, wenn man allem ein Ziel setzt. Wir fahren deshalb nach den Halligen und kommen nicht mehr zurück.« Diese Sätze aus dem Brief gingen mir nicht mehr aus dem Sinn. Konnten solche Abschiedsworte gefälscht sein? »Wir gehen diesen Schritt klar und bewusst ... Wir möchten Sie herzlich bitten, unseren Angehörigen Unfall durch Ertrinken mitteilen zu lassen ... « Aber später war von Gift die Rede gewesen! Von Fesseln. Und von einer Pistole.

Die Umrisse der Insel tauchten am Horizont auf und wurden langsam größer. Wenn es Antworten auf meine Fragen gab, dann dort.

Ich ging unter Deck, meinen Koffer holen. Als ich wieder heraufkam, hatte die Möwe Gesellschaft von Artgenossen bekommen. Sie umschwirrten die schwarz-weißen Fischkutter im Hafen von Pellworm, an deren Masten zahlreiche bunte Fähnchen flatterten. Der Wind blies hier viel schärfer als auf dem Festland.

Ein grasbewachsener grüner Deich erstreckte sich rechts und links der Anlegestelle, darüber thronten zwei aus Backstein erbaute Gasthäuser. Über dem Dach des einen flatterte eine blau-weiß-rote Fahne.

Das Motorschiff erzitterte ein letztes Mal und stieß träge gegen den Anleger. Die Taue wurden festgemacht und die wenigen Fahrgäste gingen von Bord.

Ich folgte ihnen. Der Nordseewind zerrte an meinen Kleidern. Die Einzigen, die mich neugierig beäugten, waren die Möwen.

– 18 –

Ich stieg den Deich hinauf und betrat die Wirtsstube des ersten Gasthofs. In einer Ecke am Fenster saßen zwei Männer, tranken Bier und unterhielten sich so laut, als seien sie hier zu Hause. Sie hatten gemeinsam zu Mittag gegessen, die leeren Teller standen noch vor ihnen. Im Raum hing der Dunst von gebratenem Fisch und Speck. Der eine trug städtische Kleidung und rauchte eine Zigarre, der andere schien ein Bauer zu sein. Hinter der Theke war keiner zu sehen. Ich stellte meinen Koffer ab und wartete.

Niemand kam. Irgendwann erhob sich der Zigarrenraucher, trat hinter den Tresen und rief durch eine Klappe hindurch: »Kundschaft!« Dann setzte er sich wieder hin.

Kurz darauf erschien eine ältere Frau in einer blassblauen Schürze. Ich fragte, ob sie sich an zwei weibliche Gäste erinnern könne, die im letzten Jahr am 3. Juli möglicherweise hier abgestiegen waren. Sehr wahrscheinlich waren sie unangemeldet gekommen.

Die Frau schüttelte den Kopf. Im letzten Juli hätten sie nur Stammgäste gehabt. Ich beschrieb Therese Dopfer und Maria Fischer. Wieder schüttelte sie den Kopf. Ich zögerte und erklärte dann, dass es sich um die beiden Toten handle, die einige Tage darauf am Strand aufgefunden worden waren.

Die Wirtin zuckte mit den Schultern. »Die zwei Strandleichen? Nein, mit denen hatten wir hier nichts zu tun.«

Der Zigarrenraucher unterbrach unser Gespräch und verlangte lautstark nach einem Bier. Der Andere schloss sich an. Die Wirtin entschuldigte sich und trat hinter den Tresen an den Zapfhahn.

Ich verabschiedete mich, verließ das Hotel und ging den Deich entlang zum nächsten Gasthof. Die Takelagen der Fischerboote klapperten und klimperten im Wind, und mein einziges Gepäckstück schien den Drang zu verspüren, sich in einen fliegenden Koffer zu verwandeln.

Dieser Gasthof war etwas größer als der andere, zweistöckig und teilweise hell verputzt. Ich fand, er wirkte freundlicher. Nur leider war die Tür verschlossen. Ich spähte durch die Fenster, ging ein Stück um das Gebäude herum und wurde schließlich bemerkt. Ein Mann mit rötlichem Gesicht und flachsblonden Haaren öffnete.

Diesmal stellte ich mich als aus Hamburg kommende Polizistin vor, wurde eine ganze Weile aus wasserblauen Augen durchdringend gemustert und dann hereingebeten.

»Setzen Sie sich mal hin, Fräulein«, sagte er. »Sie sehen verfroren aus. Möchten Sie was Warmes trinken?«

»Ich möchte Ihnen keine Umstände machen.«

»Ach was.« Er stand auf und brachte mir wenig später eine große Tasse Kaffee.

»Das möbelt Sie wieder auf. Und wenn Sie sich erst mal an den Wind gewöhnt haben, sind Sie auch nicht mehr so blass um die Nase.«

Ich bedankte mich, aber er redete schon weiter: »Die Hamburger Polizei interessiert sich also auf einmal für die beiden Strandleichen vom letzten Jahr?«

Ich erklärte ihm, dass es Polizistinnen gewesen seien und dass der Fall noch nicht zu Ende bearbeitet sei.

»Es geht mich ja nichts an«, sagte er. »Aber Sie sind reichlich spät dran. Wenn Sie was über die beiden erfahren wollen, müssen Sie unseren Polizisten fragen. Ansonsten ist der Pastor für die Toten zuständig. Viel kann ich Ihnen nicht sagen. Ich weiß nur noch, dass die beiden hier kurz aufgetaucht sind und nach einem Zimmer gefragt haben. Aber es war ja Saison. Das Haus war belegt. Wir haben sie zu Petersen geschickt, weil wir wussten, dass da noch was frei ist. Sie sind dann gleich wieder los.«

Ich fragte, was für einen Eindruck sie gemacht hätten.

»Ich hab sie mir nicht genauer angesehen. Wir hatten ein volles Haus, da achtet man nicht so sehr auf Leute, die kurz mal reinschauen. An Sie würde ich mich besser erinnern. Sie sitzen ja hier ganz alleine vor mir. Von den anderen Gästen, die ein paar Tage, eine Woche oder länger absteigen, weiß man dann einiges, aber die beiden ...« Er zuckte mit den Schultern.

»Dann muss ich also zu Petersen gehen. Ist das auch ein Hotel?«

»Gasthaus Petersen – bei denen ist es fast so schön wie bei uns«, sagte er augenzwinkernd.

»Wie komme ich da hin?«

»Tja, das ist praktisch auf der anderen Seite der Insel, an der Hooger Fähre. Zu Fuß ist das ein ganzes Stück ... und so verfroren wie Sie schon jetzt aussehen. Trinken Sie mal Ihren Kaffee.«

Ich trank ihn aus. »Das werde ich schon schaffen.«

»Normalerweise würde ich Ihnen ein Mietauto empfehlen, aber die beiden Wagen, die wir haben, sind gerade außer Betrieb. Der von Thomsen hat einen defekten Motor und Petersen ist auf Verwandtenbesuch in Husum. Ich könnte natürlich mal rumfragen, ob jemand heute noch unterwegs ist, der sie mitnehmen kann.«

»Wie weit ist es denn?«

»Sieben, acht Kilometer, immer schön dem Westwind entgegen.« Er warf einen Blick auf meinen Koffer. »Und Gepäck haben Sie auch dabei.«

Ich stand auf. »Ich gehe trotzdem!«

Er beschrieb mir den Weg. Es klang ganz einfach. Die paar Kilometer, das war doch nichts, dachte ich. Und die frische Seeluft würde mir gut tun.

Als ich schon draußen war, rief er mir hinterher: »Ich sag drüben Bescheid, dann können sie schon mal einen Grog warmstellen!«

Im Fortgehen fragte ich mich, ob seine Fürsorglichkeit ernst oder ironisch gemeint war.

Ich kam am Postamt vorbei, ging hinein und erkundigte mich nach dem Polizeiposten. Man beschrieb mir den Weg zu einem kleinen Backsteinhaus, wo man auf mein Klopfen hin nicht öffnete. Ein Nachbar erklärte mir, der Wachtmeister sei unterwegs und meinte, ich solle später wiederkommen.

Ich folgte einem der Deiche, die hier quer durch die Insel führten, und an denen in unregelmäßigen Abständen kleine, meist reetgedeckte Häuschen standen. Ansonsten nasse Wiesen und Felder, kahle Bäume und Sträucher und viel Wind, der mir unbarmherzig entgegenschlug.

Auf halbem Weg fing es an zu regnen. Das war nicht weiter schlimm, redete ich mir ein, ich trug ja das Tweedkostüm und den Mantel. Aber wenn der Regen direkt ins Gesicht prasselt, der Koffer sich selbstständig machen will und der Hut wegfliegt, nützen alle aufmunternden Worte nichts. Trotzdem stapfte ich verdrossen, aber zielstrebig weiter durch die Pfützen, die immer größer wurden. Es war so kalt, dass ich das Gefühl hatte, meine Wangen würden gefrieren.

Die Gästepension sah aus wie ein Gutshof. Als ich dort ankam, waren meine Hände vor Kälte starr, obwohl sie in Handschuhen steckten, meine Strümpfe durchnässt und der Hut dreckig, nachdem er mehrmals im Schmutz gelandet war.

Durch eine breite Flügeltür trat ich ein, ließ meinen Koffer im Flur stehen und schob die Tür zur Wirtsstube auf. Eine etwa vierzigjährige Frau in einem schlichten Kleid aus grobem Stoff kam mir entgegen. »Da sind Sie ja. Setzen Sie sich. Der Grog kommt sofort.«

Ich zog den Mantel aus und ließ mich auf eine Bank fallen. Kurz darauf stellte sie ein großes Glas mit dampfendem Rumgrog vor mich hin und legte etwas daneben. Ein kleines, schmales Büchlein mit einem Blumenornament auf dem Einband.

»Was ist das?«, fragte ich.

»Das haben die beiden hier vergessen.«

»Frau Dopfer und Frau Fischer?«

»Ihre Namen habe ich mir nicht gemerkt.«

Ich griff nach dem Bändchen, wollte es aufschlagen, bekam es aber nicht richtig zu fassen. Meine Hände waren zu steif. Das Buch fiel auf den Tisch. *Misericordia* las ich auf dem Einband, und den Namen Liliencron.

»Wärmen Sie sich erst mal auf.«

Ich legte meine Hände an das heiße Grogglas und schaute mich um. Die Stühle standen auf den Tischen. Es war nicht geheizt.

»Wir haben keine Gäste«, sagte die Wirtin. »Es ist ja noch Winter.«

Nach einer Weile waren meine Hände wieder zu gebrauchen. Ich klappte den Einband auf und musste tief Luft holen, als ich die Widmungen in den beiden verschiedenen Handschriften sah: »Für Thesy« in enger eckiger, dünner Schönschrift, »Für Maria« in runden, größeren Buchstaben, grobschlächtiger, vergeblich um Harmonie bemüht. Mit derselben Feder geschrieben und doch ganz verschieden.

Ich blätterte weiter und stieß auf ein Gedicht mit dem Titel »Ist das Alles?«, daneben mit dünnem Bleistift ein eckiges »Ja!«, zweifellos von Maria notiert:

»Ein Maientag im Sonnenglanz,
Ein Julitag, ein Erntekranz.

Ein kurzer Traum von Glück und Rast,
Das Leben flog in Sturm und Hast.

In Sturm und Hast bergab, hinab,
Ein gleich vergessnes Menschengrab.

Allalles zieht, o Morgenrot,
Ins Netz der alte Spinnrich Tod.«

Die Wirtin brachte mir unaufgefordert einen zweiten Grog. Vielleicht hatte sie bemerkt, dass meine Hände noch immer zitterten.

»Sie sind früh am Morgen weggegangen. Mehr haben sie nicht zurückgelassen. Sind nur Gedichte.«

Ein ganzes Buch voller Schwermut. »Eigenartig, dass sie ausgerechnet das nicht mitgenommen haben.«

»Es war am Kopfende des Bettes zwischen Matratze und Bettrand gerutscht. Vielleicht haben sie ja danach gesucht und es nicht gefunden.«

– 19 –

Der Grog tat seine Wirkung, meine Hände wurden wieder ruhig. Ich trank das zweite Glas dennoch nicht aus. Ich war hergekommen, um Fragen zu stellen, um Antworten zu finden, nicht, um mich zu betrinken.

»Sie erinnern sich also noch gut an die beiden?«

Die Wirtin hatte die ganze Zeit neben mir gestanden, nun setzte sie sich. »Na ja, die beiden fielen schon auf. Außerdem denkt man natürlich später darüber nach, wenn etwas passiert ist. Menschen, denen etwas zustößt, behält man im Gedächtnis.«

»Frau Fischer und Frau Dopfer sind am Nachmittag angekommen?«

»Es war schon früher Abend. Sie waren mit dem Schiff gekommen, hatten am Hafen nach einem Zimmer gefragt und wurden zu uns geschickt. Da sind sie dann zu Fuß gegangen, viel Gepäck hatten sie ja nicht, aber eine Weile hat es wohl gedauert.«

»Im Sommer ist der Weg sicher angenehmer zu gehen.«

Die Wirtin schaute mich an, als wollte sie sagen: Wo ist der Unterschied?

»Ist Ihnen etwas Ungewöhnliches an den beiden aufgefallen? Wie sahen sie aus?«, fragte ich.

»Wie Städterinnen eben. Beide sehr ähnlich gekleidet. Rock und Bluse, keine Jacke, es war ja warm. Ein bisschen zu unpraktisch waren sie schon angezogen für einen Inselurlaub, aber das ist ja oft so bei Feriengästen, die passen sich dann an die Gegebenheiten an.«

»Hatten sie Taschen bei sich?«

»Jede hatte eine Reisetasche, aber keine große. So für das Nötigste. Ich weiß noch, dass ich dachte, lange bleiben die nicht. Und so war es ja auch.«

Hinter der Theke ging eine junge Frau hin und her, blond und sommersprossig. Sie warf uns einen neugierigen Blick zu, bückte sich, hantierte hier und da, verschwand und tauchte wieder auf.

»Haben sie ein Zimmer zusammen genommen?«

»Ja. Und sie gingen gleich hoch, kamen nicht mehr runter. Ich hab dann Svenja, meine Tochter, geschickt, um Bescheid zu sagen, dass nur bis um acht Uhr serviert wird.« Sie winkte die junge Frau hinter der Theke herbei. Sie trat zu uns an den Tisch und bestätigte, was ihre Mutter gesagt hatte.

Die Tochter durfte kaum zwanzig sein. Sie gefiel mir, sie hatte eine frische ländliche Art. Mädchen in der Stadt sind nie so, man könnte meinen, sie werden schon älter geboren als solche Gretchen mit Zöpfen.

»Die Dunkelhaarige hat die Tür aufgemacht«, sagte Svenja. »Sie war sehr abweisend, beinahe schon feindselig. Sie hatten die Vorhänge zugezogen, obwohl es draußen noch hell war. Ich habe mich entschuldigt. Ich dachte, sie wollten wohl nach der anstrengenden Reise gleich ins Bett gehen. Danach habe ich sie nicht mehr gesehen an diesem Abend.«

»Ich habe die andere noch kurz gesehen«, ergänzte ihre Mutter. »Die Schmalere, die gar nicht geredet hat – wobei man von der Dunkelhaarigen auch nicht behaupten kann, dass sie redselig war. Ich bin ihr auf dem Weg zum Badezimmer begegnet. Sie schaute weg. Oder besser, sie sah zu Boden und ging vorbei, als hätte sie mich nicht bemerkt.«

»Erst am Morgen sah ich sie wieder«, sagte Svenja. »Da hast du mir noch gesagt, geh und klopf an, es wird Zeit fürs Frühstück, das wollen sie doch nicht auch noch verpassen. Aber ich wollte sie lieber nicht stören.«

»Ich bin dann selbst hinauf, aber da kamen sie mir schon entgegen, vollständig angezogen, auch mit Jacketts, obwohl es ja schon warm war, und mit den Taschen. Da dachte ich, sie wollten abreisen.«

»Du hast sie noch angesprochen wegen des Frühstücks.«

»Nein danke, hat die Dunkelhaarige gesagt. Sie war es, die gezahlt hat. Das Frühstück und das Abendessen habe ich vom Preis abgezogen.«

»Um wie viel Uhr war das?«, fragte ich.

»Weit nach neun muss es schon gewesen sein, sonst hätten wir ja nicht über ihr Frühstück nachgedacht.«

»Halb zehn«, sagte Svenja. »Es war schon halb zehn, und da war die Frühstückszeit schon zu Ende.«

Ihre Mutter nickte. »Also halb zehn.«

»Und dann wollten sie, ohne gefrühstückt zu haben und ohne sich wegen der Gezeiten zu erkundigen, zur Hallig Hooge laufen«, sagte Svenja.

»Aber zuerst wohl zur Post«, sagte ihre Mutter. »Mich haben sie nach dem Weg zur Post gefragt.«

»Aber Erna hat mir erzählt, dass sie sich bei ihr erkundigt hätten, wie man zur Hallig Hooge zu Fuß kommt. Und Erna hat ihnen natürlich abgeraten. Zu Fuß ist das doch lebensgefährlich, viel zu weit, und wenn man sich nicht auskennt, praktisch Selbstmord ...« Sie hielt sich erschrocken die Hand vor den Mund.

»Sie sind doch ins Wasser gegangen«, stellte ihre Mutter nüchtern fest.

»Könnte es auch ein Unfall gewesen sein?«, fragte ich.

»Ob man das noch Unfall nennen kann, wenn jemand mutwillig einen solchen gefährlichen Weg gehen will«, brummte die Wirtin.

»Aber sie sind dann gar nicht gegangen«, widersprach Svenja. »Erna hat ihnen erklärt, sie könnten doch bequemer die

Fähre nehmen. Sie hat ihnen sogar das Boot gezeigt. ›So ein kleines Schiff?‹, hat die eine gesagt. Anscheinend war ihr das dann wiederum zu unsicher.«

»Von Klas Andresen hab ich gehört, sie hätten sich bei ihm nach dem Weg nach Südfall erkundigt«, sagte die Wirtin.

Ich schaute sie fragend an.

»Südfall ist eine Hallig, auf der eine Frau wohnt. Frau von Reventlow-Criminil. Die haust da ganz allein mit ihren Tieren. Alle nennen sie die Halliggräfin, weil sie aus feinem Haus kommt. Was die sich in ihrem Leben angetan hat, dass sie sich selbst auf die Hallig verbannt hat, möchte ich lieber nicht wissen.«

»Es ist eine sehr kleine Insel«, erklärte Svenja. »Bei Sturm ist die immer überflutet. Vielleicht waren die beiden ja mit der Halliggräfin bekannt.«

»Mit der ist niemand bekannt«, widersprach ihre Mutter.

Svenja zuckte mit den Schultern. »Na ja, es ist sowieso unmöglich, zu Fuß dorthin zu gehen.«

»Ich sag ja, die wollten ins Wasser und sie sind dann auch gegangen«, sagte die Wirtin.

»Bei der Hamburger Polizei heißt es, sie hätten sich vergiftet«, sagte ich. »Aber geht man ins Watt hinaus, um sich zu vergiften?«

»Immer noch besser, als wenn es hier im Haus passiert«, meinte die Wirtin.

»Aber wenn sie zusammen rausgegangen und ertrunken sind, dann ist es doch eigenartig, dass sie gemeinsam an den Strand geschwemmt wurden und da dann nebeneinander lagen. Es sei denn, sie hätten sich aneinandergebunden«, sagte ich.

Die beiden Frauen schauten mich ungläubig an.

»Gefesselte Strandleichen hatten wir noch nie«, erklärte die Wirtin.

»An welcher Stelle wurden sie denn gefunden?«

»Im Nordosten hinterm Deich, hieß es. Wir haben erst davon gehört, als sie schon in der Leichenkammer lagen. Und da haben wir uns nicht weiter drum gekümmert. Das war Sache des Pastors.«

»Die Leichenkammer? Ist das so eine Art Leichenschauhaus der Polizei?«, fragte ich.

Die Wirtin schüttelte den Kopf. »Wir haben nur einen Polizisten auf der Insel. Und so viele Tote gibt's hier nicht, dass wir ein Haus für sie bräuchten. Es ist ein Raum im Armenhaus. Der wird genommen, wenn einer gestorben ist. Da liegt er dann bis zum Begräbnis.«

»Ist es weit von hier bis zum Friedhof?«

»Den halben Weg haben Sie schon geschafft. Immer den Deich lang zur Alten Kirche«, sagte die Wirtin.

»Ich überlasse Ihnen gern mein Fahrrad«, bot Svenja an.

»Vielen Dank, das ist sehr freundlich.«

»Sie liegen dort bei den anderen Strandleichen«, erklärte die Wirtin.

»Die Heimat für Heimatlose«, fügte Svenja hinzu.


– 20 –


Die Dämmerung brach schon herein, als ich bei der Alten Kirche ankam. Ihr Turm ragte ungeheuer groß und wuchtig empor. Auf ein derart monströses, archaisches Bauwerk war ich nicht vorbereitet. Tatsächlich handelte es sich nur um eine Ruine. Vom einstigen Kirchturm, der ungewöhnlich breit und hoch gewesen sein musste, war nur noch die Hälfte erhalten. Wie ein Glockenturm sah er nicht aus, eher schon wie eine riesenhafte Trutzburg aus verwittertem Backstein, die den Schiffen signalisierte, dass hier eine Insel lag, deren Bewohner vor großen Taten nicht zurückschreckten. Die Kirche daneben wirkte enttäuschend klein und normal. Einige Bauernhäuser standen in der Nähe. Ich war verschwitzt vom Fahren gegen den Wind.

Um zur letzten Ruhestätte der Strandleichen zu gelangen, musste ich einen Brackwassersee umrunden, über eine morastige Wiese und zwischen Sträuchern und Schilfgestrüpp hindurchstapfen. Das Fahrrad ließ ich neben dem Deich im Gras liegen.

Die »Heimat für Heimatlose« befand sich direkt vor dem mächtigen, ungeschlachten Turm. Dort waren einfache Steinplatten in den Boden eingelassen, auf denen nur der Todestag vermerkt war. Dies war ein Friedhof der Namenlosen. Ein großer Gedenkstein mit der Inschrift »Das Meer gab die Toten, die darinnen waren« stand vor den Gräbern.

Im Westen drückte eine schwere Wolkendecke die Sonne ins Meer hinunter. Nur noch wenige Minuten lang schickte sie einige blassrote Strahlen herüber. Ihr schwaches Licht ließ die regennassen Tafeln schimmern, die Wassertropfen auf den Grashalmen glitzerten. Ich fand zwei Tafeln mit dem eingravierten Datum »4.7.31«. Das mussten sie sein. Man hatte sie voneinander getrennt beerdigt. Niemand war auf die Idee gekommen, dass zwei Frauen, die zusammengelebt hatten und gemeinsam gestorben waren, auch im Tod vereint sein sollten.

Eine ganze Weile stand ich da und starrte die Steintafeln an. Mehr als das Datum gab es nicht zu sehen, aber in meiner Jackentasche trug ich das Buch *Misericordia* bei mir, fest umklammert. Schließlich zog ich es hervor, blätterte darin und begann halblaut zu lesen.

»Ich ging den Weg entlang, der einsam lag,
Den stets allein ich gehe jeden Tag.
Die Heide schweigt, das Feld ist menschenleer;
Der Wind nur weht im Knickbusch um mich her.

Weit liegt vor mir die Straße ausgedehnt;
Es hat mein Herz nur dich, nur dich ersehnt.
Und kämest Du, ein Wunder wär's für mich,
Ich neigte mich vor dir: ich liebe dich.

Und im Begegnen, nur ein einzger Blick,
Des ganzen Lebens wär er mein Geschick.
Und richtest du dein Auge kalt auf mich,
Ich trotze Mädchen dir: ich liebe dich.

Doch wenn dein schönes Auge grüßt und lacht,
Wie eine Sonne mir in schwerer Nacht,
Ich zöge rasch dein süßes Herz an mich
Und flüstre leise dir: ich liebe dich.«


Ich verstand sehr wohl, warum mir die Tränen in die Augen
stiegen, als ich den Toten diese Zeilen vortrug. Warum ich
dabei an Klara Schindler dachte, verstand ich nicht.

Ich schrak zusammen, als eine gebeugte Gestalt um die
Ecke des verwitterten Backsteinturms schlurfte. Eine alte Frau mit Kopftuch und zu großem Mantel, gestützt
auf einen Spazierstock. Sie blieb stehen und schaute
mich ausdruckslos an. Ich grüßte, und sie kam auf mich
zu.

»Es kommen selten Verwandte, um diese Toten zu besu-
chen.«

»Ich bin keine Verwandte.«

»Verwandt sind wir alle.«

Ich deutete auf die beiden Grabplatten. »Wissen Sie etwas
über diese beiden Frauen, die letztes Jahr umgekommen
sind?«

»Letztes Jahr?«

»Im Sommer.«

»Die beiden, die zusammen angeschwemmt wurden?«

»Wurden sie angeschwemmt?«

Sie deutete auf die Steine. »Die beiden hier, ja.«

»Auf dem Stein steht 4. Juli. Aber an diesem Tag haben sie
noch gelebt.«

»Wenn's da draufsteht, können sie nicht mehr gelebt
haben.«

»Sie haben morgens ihre Pension verlassen und sind zur Post gegangen.«

»Wenn man morgens losgeht, kann man abends tot sein.«

»Aber ihre Leichen wurden offenbar erst viel später gefunden.«

»Die Männer haben schon Tote gefunden, draußen im Watt, die lagen Wochen da herum, da fiel das Fleisch schon von den Knochen …«

»Waren Sie dabei, als die beiden hier begraben wurden?«

»Ich bin immer dabei. Ich wohne ja hier. Meistens bin ich die Einzige. Bis auf den Pastor.«

»Sind damals Trauergäste gekommen?«

»Fremde waren da.«

»Was für Leute waren das?«

Sie winkte ab. »Fremde eben. Woher soll ich sie kennen, wenn sie fremd waren?«

»Wie viele waren es denn?«

»Vielleicht vier, könnte sein, dass es vier waren. Der Pastor weiß das. Warum fragen Sie mich? Ich weiß doch nichts. Woher soll ich was wissen? Es fragt mich doch keiner …« Sie drehte sich um, murmelte noch weitere unverständliche Sätze und ging langsam davon. Bei jedem Schritt hob sie den Stock und bohrte ihn mit aller Kraft, die ihr noch verblieben war, in den aufgeweichten Boden.

»Wo finde ich denn den Pastor?«, rief ich ihr hinterher.

Sie hielt an, drehte sich um und schien über meine Frage nachzudenken.

»Da müssen Sie zur Neuen Kirche. Das ist weit, sehr weit. Ich komme da nie hin. Aber Sie sind ja noch jung, Sie schaffen es vielleicht. Nur dunkel ist es dann bestimmt schon …«

Wieder hob sie den Stock und bohrte ihn in die Erde, wandte sich ab und ging mit den Worten: »Im Dunkeln würde ich nicht so weit laufen wollen …«

Tatsächlich war der rötliche Schimmer im Westen erloschen. Ich schaute das Buch in meiner Hand an. Ich hätte es den beiden gern aufs Grab gelegt, aber sie lagen ja leider nicht nebeneinander.

Ich steckte das Bändchen wieder in die Tasche und machte mich auf den Rückweg.

In der Pension empfing Svenja mich mit den Worten: »Und, haben Sie sie gefunden?« Sie schaute mich neugierig an.

»Ja.«

»Das Meer gab die Toten ...«, zitierte sie.

»Das ist aus der Bibel, nicht wahr?«

»Aus der Offenbarung des Johannes: ›Und das Meer gab die Toten wieder, die darinnen waren; und der Tod und die Hölle gaben die Toten, die darinnen waren. Und sie wurden gerichtet, ein jeglicher nach seinen Werken.‹ Mich schaudert es jedes Mal, wenn ich es höre.«

»Wieso? Es ist doch nur gut, wenn jeder nach seinen Werken gerichtet wird.«

»Wenn man sich nichts vorzuwerfen hat«, sagte sie. »›Den Verzagten aber und Ungläubigen, den Gräulichen und Totschlägern und Huren und Zauberern und Abgöttischen und allen Lügnern, deren Teil wird sein in dem Pfuhl, der mit Feuer und Schwefel brennt‹ ...« Sie wurde rot und brach ab.

»Übrigens hat es einen Anruf für Sie gegeben«, fuhr sie hastig fort.

»Für mich? Aber niemand weiß, dass ich hier bin.«

»So hat der Anrufer auch geklungen, als er fragte, ob Sie da wären, als wüsste er es nicht genau und wollte sich durchfragen.«

»Was haben Sie gesagt?«

»Da er so merkwürdig klang ... na ja, wie soll ich sagen ... vor allem hat er einen falschen Namen genannt ...«

»Einen falschen Namen? Wie kann man das am Telefon wissen?«

»Erst nannte er keinen, und als ich dann fragte, zögerte er und sagte Meier.« Sie lachte. »Das war doch zu offensichtlich. Also habe ich für Sie gelogen. Diskretion ist schließlich Teil unseres Geschäfts.«

»Einen Meier kenne ich tatsächlich nicht.«

»Ja eben, wo Sie doch Engländerin sind.«

»Das haben Sie schon bemerkt?«

»Man hört es an Ihrer Aussprache, aber außerdem hat dieser Meier nach einer Engländerin gefragt.«

»Was hat er sonst noch gesagt?«

»Er hat Sie ziemlich genau beschrieben.«

»Aha.«

»Setzen Sie sich doch, Sie sind ja ganz blass.« Sie rückte mir einen Stuhl zurecht. »Aber Sie müssen keine Angst haben, die anderen werden auch nichts sagen.«

»Die anderen?«

»Die Sie gesehen haben. Am Hafen. Ich hab da nachgefragt, ob die auch einen Anruf bekommen haben. Hatten sie noch nicht, aber sie haben versprochen, Sie nicht zu verraten.«

»Sie sind ja sehr freundlich zu mir, vielen Dank.«

»Wissen Sie, wenn eine Frau im Winter hierher kommt, ganz allein, und dann ein Anruf von einem Mann, der so eine Stimme hat ... na ja, und außerdem noch die Geschichte mit den beiden Toten vom letzten Jahr ... da muss man doch vorsichtig sein.«

»Ich bin Ihnen wirklich sehr verbunden. Ich weiß gar nicht, wie ...«

»Ich hab Ihnen schon Ihr Zimmer zurechtgemacht.«

»Hier im Haus?«

»Wo wollen Sie denn sonst hin? Aber vor allem dürfen Sie sich auf einen schönen warmen Eintopf zum Abendbrot freuen!«

»Wenn ich ein Mann wäre, Svenja, würde ich Sie auf der Stelle heiraten.«

Sie tänzelte auf mich zu und flüsterte mir ins Ohr: »Das geht nicht mehr, ich bin schon verlobt. Aber psst! Nicht verraten!« Sie legte den Zeigefinger an den Mund.

– 21 –

Wie seltsam es dir ergehen kann in der Fremde. Du findest
Vertrautes in fremden Gesichtern und das Unbekannte in
deinem eigenen. War Svenja mir ähnlich? Nein. War ich einmal so gewesen wie sie, vor einigen Jahren vielleicht? Wohl
kaum. Und doch fühlte ich mich mit ihr verwandt. Sicher
ein Wunschgedanke. Schau mal in den Spiegel, Jenny, schau
genau hin. Du siehst dich gestochen scharf, haargenau, aus
nächster Nähe und fragst dich, wer das ist. Und deine Augen
schauen dich an und fragen zurück.
Sicherlich liegt es nur an der Umgebung, du gehörst nicht
hierher. Der Spiegel zeigt hinter dir eine kleine Stube mit
hübsch verzierten Bauernmöbeln.»Das schöne Zimmer«, hat
Svenja es lachend genannt. Stell dir vor, du lebtest für immer hier, eine Bäuerin auf einer Insel ... Nein, das stellst du
dir nicht vor! Der Einspruch kommt von einer rauchigen
Stimme. Wie kommt diese Stimme in meinen Kopf? Ist
schon wahr, Zigaretten in Damenhänden passen hier nicht
hin. Aber will ich denn Zigaretten rauchen? Hosen tragen
und eine Krawatte? Bestimmt nicht. Ich bin nichts weiter als
eine kleinkarierte Schottin, die in London einen Platz gefunden hat und eine bescheidene Aufgabe – eine nicht sehr
bedeutende Figur im großen Gesellschaftsspiel.
»Was ist das für ein Spielbrett, auf dem es nur Figuren mit
einer Farbe gibt? Es müssen mehr weiße Figuren unter die
schwarzen! Gleichwertig in allen Positionen!« Das war der
Satz, ausgesprochen bei einer Kundgebung, der dich dazu gebracht hat, nach London zu gehen und Polizistin zu werden.
Du hast deinen Platz eingenommen, und es war ein gutes
Gefühl, sich einzureihen. Und nun stehst du nicht mehr auf
dem vertrauten Feld, sondern auf einem anderen Spielbrett,
einem unübersehbaren, und weißt nicht mehr ganz genau,
nach welchen Regeln das Spiel funktioniert. »Pah, Regeln!«,
sagt eine rauchige Stimme. »Zieh Hosen an und mach dir

**127**

deine Regeln selbst.« Aber so einfach ist das nicht, Klara, auch du hast dir fremde Regeln ausgesucht, so frei wie du dich gibst, bist du wohl gar nicht. »Freiheit, Jenny? Du wirst schon noch sehen, was Freiheit bedeutet, wenn das Proletariat erst einmal das Heft in die Hand nimmt. Was lachst du jetzt so ironisch, hm? Die rote Fahne würde dir gut zu Gesicht stehen. Aber ja, warum schüttelst du den Kopf?«

Ich führe die Hand zum Mund und nehme einen tiefen Zug, hebe die andere Hand, um die lästigen Schwaden beiseite zu wedeln, lege sie an den Krawattenknoten, löse ihn, ebenso den ersten und zweiten Hemdknopf, und streiche mir die widerspenstigen schwarzen Locken aus dem Gesicht. Nur ist da gar kein Lockengesicht und keine Zigarette, ganz zu schweigen von einer Krawatte, bloß eine Schottin mit zu breiten Wangenknochen, leider etwas klein und zu kräftig gebaut, niemand, den man anhimmeln würde. Und wieso willst du dich auch anhimmeln lassen, was für ein Unsinn! Nun geh doch endlich ins Bett!

Lange Zeit wälzte ich mich von einer Seite auf die andere und dachte an die Menschen, denen ich in den letzten Tagen begegnet war. Seltsam, die Person, um die es eigentlich ging, Josephine Erkens, hatte ich überhaupt noch nicht getroffen. Du bist drauf und dran zu scheitern, Jenny! Du treibst in die falsche Richtung. Womöglich schiebt man dich dort hin, und du hast es noch gar nicht gemerkt … seit wann bestimmen denn die Figuren auf dem Spielbrett selbst über ihr Schicksal?

Schließlich fiel ich in einen tiefen Schlaf, aus dem mich das hartnäckige Klopfen von Svenja weckte. »Zeit fürs Frühstück! Es ist schon spät«, rief sie. Lachend servierte sie mir Grütze, Brot, Marmelade, Käse, Wurst und feine Butter, dazu den schönsten Bohnenkaffee mit Sahne.

Als ich fertig war, bot sie mir erneut ihr Fahrrad an. Mit dem

Wind im Rücken fuhr ich zur Poststation. Der Beamte dort konnte sich nicht erinnern, die beiden Frauen am Samstag, dem 4. Juli des vorigen Jahres, gesehen zu haben. Einige Inselbewohner, die Briefe und Päckchen aufgeben wollten, schalteten sich ein.

»Am 4. Juli war das? Wie kann man heute noch wissen, was am 4. Juli war! In der Saison haben wir jeden Tag alle Hände voll zu tun.«

»Sie sind doch ins Watt rausgegangen!«

»Gesehen hat das aber niemand.«

»Sie wurden erst Tage später wieder angeschwemmt.«

»Aber nein, Touristen haben sie doch hinter dem Deich liegen sehen. Gesonnt haben sie sich. So sah es jedenfalls aus.«

»Gesonnt? Wohl kaum. Sie lagen nebeneinander mit weißen Tüchern über den Köpfen. So stand es auch später in der Zeitung.«

»Mit dem ganzen Gepäck, und keiner hat gemerkt, dass sie tot waren. Tage später hat man sie erst geholt.«

»Sie haben doch nicht tagelang dort gelegen, unmöglich. Ich sage, sie wurden angeschwemmt.«

»Die haben sich ordentlich hingelegt und Gift genommen, so wurde es berichtet.«

»Die liegen tot herum und keiner merkt es? Wo soll das überhaupt gewesen sein?«

»Das weiß der Wachtmeister, der hat sie doch schließlich geholt.«

»Sie können nicht lange dort gelegen haben. Bei der Hitze! Was glaubt ihr denn, was die Sommerhitze mit den Leichen macht!«

»War es denn so heiß?«

»Bevor der Sturm kam letzten Juli, war es heiß, aber ja.«

»Und dann die Möwen. Die sind wie Geier. Haben Sie mal eine Leiche gesehen, über die sich die Möwen hergemacht haben? Wie die aussieht?«

»Ich bleibe dabei, sie sind raus ins Watt. Hallig Hooge, hieß es, wir haben uns noch gewundert, wie verrückt sie waren, man hat sie doch gewarnt.«

»Es hat auch eine Radiodurchsage gegeben. Aber das haben wir erst später verstanden, dass nach den beiden Frauen gesucht worden war, die dann gefunden wurden.«

»Wenn man sie im Radio ausrufen ließ, hat doch auch die Polizei nach ihnen gesucht. Wenn man sie dann nicht gefunden hat, müssen sie sich aber einen sehr ruhigen Platz ausgesucht haben.«

»Sie sind zur Norderhallig, so war es.«

»Zur Norderhallig? Da laufen doch nur die Schafe herum.«

»Ja, eben, und die kümmern sich nicht um Leichen.«

»Aber die Möwen!«

»Bestimmt kein schöner Anblick, die gehen immer zuerst an die Augen.«

»Sie wurden doch gesehen. Das hat man sich später erzählt, dass sie dalagen mit den Tüchern über dem Kopf, bekleidet, und mit dem Gepäck, das hatten sie ordentlich neben sich abgestellt.«

»Im Wasser lagen sie oder jedenfalls eine von ihnen. Die war schon abgetrieben.«

»Ordentlich nebeneinander! Ich weiß noch, dass jemand am Hafen erzählte, einer hätte Alarm geschlagen, weil es anfing zu regnen, und die lagen immer noch dort.«

»Und dann wurden sie schnell beerdigt, drüben bei der Alten Kirche bei den Strandleichen.«

»Also wurden sie doch angeschwemmt, sonst hätte man sie sicher woanders ...«

So ist es immer, wenn es auf die Details ankommt. Eine Kakofonie sich widersprechender Aussagen. Mir schwirrte der Kopf. Ich dachte an die Möwe vom Schiff und an die auf meiner Brosche und sah Frauenköpfe mit ausgepickten leeren Augenhöhlen vor mir. Und dann dieser Gedanke, dass die beiden vielleicht gewusst hatten, dass die Möwen kommen würden und sich deshalb Tücher über die Gesichter ge-

legt hatten. Aber würden Tücher nicht vom Wind fortge-
weht? Kann man einfach ruhig liegen bleiben, wenn man
sich vergiftet hat oder wird man von Krämpfen geschüttelt?
Wieder kam mir in den Sinn, jemand könnte sie dort nebeneinander hingelegt haben. Das Durcheinander der verschiedenen Stimmen in meinem Kopf und um mich herum
verwirrte mich so sehr, dass ich nicht mehr folgen konnte.
Hast du erst einmal Zeugen gefunden, lassen sie dich nicht
mehr los, und am meisten reden die, die nichts wissen.
Schließlich sprach einer den erlösenden Satz aus: »Waren Sie
schon beim Pastor? Sie müssen mit dem Pastor sprechen.«
»Genau das will ich jetzt tun.«
Man beschrieb mir den Weg. Ich bedankte mich und verließ
das Postamt. Nun musste ich mit dem Fahrrad wieder gegen
den Westwind ankämpfen.
Die Neue Kirche stand auf einer Warft, das Pfarrhaus auf einer zweiten, dazwischen erstreckte sich der eigentliche Insel-
friedhof.
Hinter einem weißen Holzzaun auf der Wiese vor dem ebenfalls weißen, ausladenden Reetdachhaus ging eine Frau mit
einem Wäschekorb unter dem Arm zur Tür. Ich rief ihr meine Frage zu.
»Der Pastor ist unterwegs«, antwortete sie. »Aber Sie können
mit dem Küster sprechen. Er ist auf dem Friedhof.«
Am Rand des Gräberfeldes stand ein großer Mann in Ar-
beitskleidung und hob eine tiefe Grube aus.
»Der Pastor ist nicht da«, sagte er zur Begrüßung und stemm-
te sich auf seinen Spaten.
Ich stellte mich vor. »Vielleicht können Sie mir ja weiterhelfen. Ich versuche die Geschehnisse um die beiden Frau-
en aufzuklären, die letztes Jahr im Juli tot am Strand aufgefunden wurden.«
»Die Strandleichen liegen drüben bei der Alten Kirche.«
»Ich weiß, ich war schon dort.«
»Dann waren Sie ja schon fleißig unterwegs heute.«

**131**

»Gestern, am Abend.«

»So? Gestern schon? Dann sind Sie die junge Frau, die bei Petersen untergekommen ist?«

»Ich hab schon gemerkt, dass hier immer alle gut informiert sind.«

»Spricht sich rum, so was. Und was wollen Sie nun wissen?«

»Wie sie gestorben sind. Und wann genau. Ich habe bislang nur Widersprüchliches zu hören bekommen.«

»Ist es denn so wichtig?«

»Ob es Mord oder Selbstmord war, ist schon wichtig zu wissen.«

»Mord? Na hören Sie mal!« Er blickte nachdenklich an mir vorbei zum Pfarrhaus hin. »Der Pastor hat ja seine Aufzeichnungen. Er schreibt alle Toten ins Register, auch die, die am Strand oder im Watt gefunden werden. Die Namen, falls bekannt, das Sterbedatum, und alles andere, was sich herausfinden lässt.«

»Auf der Grabplatte bei der alten Kirche steht 4. Juli 31.«

»Na, sehen Sie, da haben Sie doch ihr Sterbedatum.«

»Das muss aber nicht unbedingt stimmen, denn an diesem Tag wurden sie noch lebend gesehen, wie sie ihre Pension verließen und – wahrscheinlich – zum Strand gingen.«

»Wann sind sie denn los? Ein Tag ist lang.«

»Aber sie wurden erst Tage später gefunden. Und dann sehr eilig beerdigt.«

Er dachte nach. »Das war kurz nach dem Sturm. Die Erde war noch sehr feucht. Da hab ich die Gräber ausgehoben. Kurz nach dem Sturm, ja. Es hat immer noch leicht geregnet.«

»Am 11. Juli wurden sie begraben.«

»Na sehen Sie, dann wissen Sie es ja.«

»Ich weiß, dass sie am 4. Juli verschwanden und am 11. Juli beerdigt wurden. Aber was dazwischen passiert ist, weiß ich nicht.«

»Einen Tag vor der Beerdigung lagen sie in der Leichenkam-

**132**

mer, das steht fest. Man wusste auch schon, dass sie sich vergiftet hatten.«

»Woher wusste man das?«

»Die Polizisten haben es festgestellt.«

»Welche Polizisten?«

»Unser Wachtmeister und die beiden anderen, die zur Beerdigung gekommen waren.«

»Wie sahen die aus?«

Er zuckte mit den Schultern. »Eine Frau und ein Mann. Ich hab mich nicht weiter um sie gekümmert. Außerdem waren noch zwei Angehörige da, aus Süddeutschland, eine ältere Dame und ein Mann.«

»Und die zwei Polizisten? Kamen die aus Hamburg?«

»Wo sie herkamen, weiß ich nicht. Eigentlich wäre ja Husum zuständig gewesen. Oder Flensburg?«

»Wurde eine Obduktion vorgenommen?«

Er breitete die Arme aus. »Ich bin nur der Küster, Fräulein. Ich hab die Gräber ausgehoben. Ich hab die Toten reingelegt. Mehr nicht.«

»Dann muss ich also mit dem Inselpolizisten reden«, stellte ich fest.

»Das sollten Sie tun.«

»Gestern konnte ich ihn nicht finden.«

»Oh, den finden Sie leicht. Jetzt ist Mittagszeit, da isst er immer zu Hause. Das ist ihm wichtig. Fahren Sie mal schnell hin, sonst hat er sich schon aufs Ohr gelegt. Das ist ihm nämlich auch wichtig.«


– 22 –


Der Wachtmeister kam nicht aus dem Bett, sondern aus dem Garten. Er trug keine Uniform mit Säbel, sondern schmutzige Stiefel, und hielt ein Gärtnermesser in der Hand. Er zog die Stiefel aus, ließ sie vor der Tür stehen und ging auf Wollsocken in seine winzige Dienststube. Es gab gerade mal Platz für ein Pult, zwei Stühle und ein Regal mit wenigen Aktenordnern.

»Was verschafft mir die Ehre, Fräulein Kollegin?«

»Ich hoffe, ich störe Sie nicht bei Ihrer wohlverdienten Mittagsruhe. Der Küster hat gesagt ...«

»Dass ich eine Schlafmütze bin?« Er lachte. Ein Mann in den besten Jahren, gesund und kräftig, wohlgenährt, ganz anders als die von ihrer schweren Aufgabe geplagten Großstadtpolizisten. »Er beneidet mich halt. Wahrscheinlich hat er gerade ein Grab ausgehoben?«

»Ja.«

»An solchen Tagen beneidet er mich besonders. Wissen Sie, das Leben hier geht recht ruhig vonstatten, auch für einen Polizisten.«

»Aber im letzten Jahr gab es ein außergewöhnliches Ereignis.«

»Es gab einige außergewöhnliche Ereignisse. Beispielsweise hat meine Tochter geheiratet.«

»Ich meine die toten Polizistinnen.«

»Das war auch außergewöhnlich. Gleich zwei Strandleichen auf einmal.«

»Waren das für Sie einfach nur irgendwelche Strandleichen?« Er rieb sich mit der Hand den Nacken. »Nein. Eine unschöne Sache. Ich kannte die beiden ja nicht. Aber ein Doppelselbstmord von Kolleginnen ... da denkt man schon mal drüber nach. Mysteriös kam uns hier die Sache zunächst schon vor.«

»Mysteriös?«

»Na ja, später war dann alles klar ... oder schien so. Und der Sturm hatte sowieso alles durcheinandergebracht.«

»Erzählen Sie doch einfach mal der Reihe nach, bitte. Ich weiß bisher nur, dass die beiden am Morgen des 4. Juli, das war ein Samstag, um halb zehn ihre Pension verlassen haben.«

»Ja, und dann waren die erst mal weg.«

»Hat sich niemand gefragt, wo sie sind?«

»Dazu gab es keinen Grund.«

»Die beiden wurden doch gesucht. Es hat sogar eine Radiodurchsage gegeben.«

»Ja, schon. Aber bis sich so was bis zu uns hier herumspricht, vergeht einige Zeit. Offiziell haben wir keine Suchmeldung bekommen. Stattdessen kam gleich ein Beamter vom Festland. Aber nicht aus Husum, sondern aus Hamburg. Der sollte die beiden finden.«

»Wann kam der an?«

Der Wachtmeister dachte kurz nach. »Montag. Ja, eben, das war es ja. Er kam Montag.«

»Montag, den 6. Juli?«

»Wenn Samstag der 4. war, war Montag der 6. Möchten Sie übrigens einen Tee? Ich war so unhöflich, Ihnen gar keinen anzubieten.«

»Nein, danke.«

»Wenn Sie erlauben, genehmige ich mir trotzdem meinen Tee.«

»Selbstverständlich. Ich möchte Ihnen keine Umstände machen.«

Der Wachtmeister stand auf und verließ den Raum.

Ich dachte fieberhaft nach. Therese Dopfer und Maria Fischer waren schon am Freitag nach Pellworm aufgebrochen, nachdem es einen Tag zuvor, am Donnerstag, den Eklat im Stadthaus gegeben hatte. Samstagmorgen hatten sie ihre Pension verlassen und waren nicht mehr zurückgekehrt. Sonntag war der angebliche Abschiedsbrief bei Schlanbusch angekommen und er hatte sofort den Beamten losgeschickt. Der war sicher gleich nach Husum gefahren, hatte dort vielleicht das Schiff nicht mehr erreicht und musste bis zum nächsten Tag warten. Sprach das dafür, dass der Abschiedsbrief echt war? Er war am Freitag geschrieben worden. Offenbar hatten sie ihn dann am Samstag hier auf der Insel aufgegeben. Konnte der Brief dann schon Sonntagnachmittag im Stadthaus sein?

Der Wachtmeister kam mit einem Tablett wieder herein. Immer noch auf Socken. »Ich hab Ihnen auch eine Tasse mitgebracht. Wo Sie doch aus England kommen.« Er zwinkerte mir zu.

Ich nahm die Tasse entgegen und etwas Zucker.

»Ich war übrigens sehr überrascht, dass an diesem Montag ein Beamter aus Hamburg hier bei uns auftauchte.«

»Wieso?«

»Weil wir Sturm hatten. Tagelang. Ab Montagnachmittag. Das Schiff fuhr trotzdem. Aber als der hier ankam, war er ganz grün im Gesicht. Hat den Seegang nicht vertragen. War praktisch zu nichts mehr zu gebrauchen. Der Sturm ging da allerdings erst los. Bis Mittwoch hat er gedauert. Es gab Deichbrüche und große Verwüstungen. Wer nicht musste, ging lieber gar nicht erst vor die Tür. Pech für die Feriengäste.«

»Das heißt, der Mann aus Hamburg hat erst mal gar nichts tun können?«

»Er kam ja wieder auf die Beine. Nur seine Begleiterin, die blieb im Bett. Die war fix und fertig.«

»Seine Begleiterin?«

»Ja, aber die hab ich nicht zu Gesicht bekommen. Wie gesagt, fix und fertig und im Bett.«

»Oh ...«

»Was ist daran eigenartig? Bei dem Seegang! Ist kein Spaß für Landratten.«

»Dass eine Frau dabei war.«

»Warum denn nicht? Es ging doch darum, zwei Frauen zu finden. Da ist es doch nur sinnig, eine Frau mitzuschicken. Schicklich vielleicht auch.«

»Und die beiden Toten lagen die ganze Zeit über am Strand, während das Unwetter tobte?«

»Tja, so muss es gewesen sein. Wir sind ja erst am Dienstag

los, um richtig zu suchen. Gehen Sie mal bei so einem Sturm die Insel ab! Da brauchen Sie aber Zeit, selbst wenn sie gehört haben, dass die irgendwo am Strand liegen sollen. Was übrigens falsch war.«

»Was meinen Sie damit?«

»Es gab Feriengäste, die die beiden gesehen hatten. Nebeneinanderliegend, mit Tüchern über dem Kopf, vollständig bekleidet, das Gepäck daneben. Das fand man merkwürdig.«

»Wann wurde das berichtet?«

»Montag hörte ein Pensionswirt davon. Ganz nebenbei. Und erinnerte sich wieder, als wir einen Tag später nachfragten, ob jemand die beiden gesehen hätte. Da sagte er, sie seien von seinen Gästen am Strand beim Sonnenbaden beobachtet worden.«

»Da war es also schon Dienstag.«

»Richtig. Die Zeugen waren wegen des Sturms abgereist und konnten uns den genauen Ort nicht mehr beschreiben. Am Strand waren die Vermissten aber nicht zu finden. Am Mittwochabend kam ein Anruf, jemand hätte zwei Leichen gesehen, die angeschwemmt worden seien, im Nordosten auf dem Vorland. Da sind wir dann los, aber es war schon dunkel. Am Wasser haben wir nichts gefunden und gedacht, der Sturm hat sie schon wieder mitgenommen. Die Norderhallig war ja auch ziemlich überschwemmt.«

»Eine Hallig?«

»So heißt das Gebiet. Es ist noch nicht eingedeicht.«

»Wenn da so ein schlimmer Sturm wütet, dann bleiben zwei Leichen doch nicht einfach zusammen liegen.«

»Eigentlich nicht. Deshalb sind wir auch davon ausgegangen, dass wir sie nicht mehr finden. Aber am nächsten Tag ist der Bauer, dessen Schafe da oben immer weiden, losgegangen, um nachzusehen, wie die Lage ist, ob das Wasser zurückgegangen ist, denn der Sturm war endlich vorbei. Und der hat sie gefunden.«

»Das war also am Donnerstag, am 9. Juli.«

»So ist es. Sie zählen gut mit. Der Sturm war vorbei, aber es hat noch ein bisschen geregnet die nächsten Tage. Sie lagen direkt hinterm Deich. Das war ihr Glück, wenn man das bei Toten überhaupt sagen kann. Jedenfalls wären sie mit Sicherheit weggeschwemmt worden, wenn sie nicht so weit oben gelegen hätten. Das Wasser war ja schon bis zu ihnen hingekommen. Eine Leiche war schon ein Stück weit abgetrieben, auch das Gepäck. Ein bisschen sah es so aus, als könnten sie angeschwemmt worden sein, aber das war wohl nicht so. Offenbar hatten sie die ganze Zeit da gelegen.«

»Tagelang …«

»Tja. So ist es.«

»Und wie sahen sie aus nach dem Sturm und allem?«

»Blitzsauber waren sie. Aber natürlich hatten die vorher eine Weile in der Hitze gelegen …«

Ich dachte an die Möwen. Die Tücher über den Köpfen. Die Augen. »Hatten sie die Tücher noch über den Gesichtern?«

»Tücher haben wir keine mehr gesehen. Entschuldigen Sie, wenn ich so ruppig klinge, kannten Sie die beiden eigentlich?«

»Nein, nicht persönlich.«

»Ah, gut. Wir haben sie dann auf einen Karren gelegt und ins Armenhaus gebracht, wo wir immer die Leichen aufbewahren. Dann den Pastor informiert.«

»Und die Polizei in Husum?«

Er kratzte sich am Kopf. »Das war schwierig, weil die Telefonleitungen gelitten hatten. Und dann, nachdem wir Meldung gemacht hatten, kam gar niemand, weil nach dem Sturm ohnehin eine Weile alles drunter und drüber ging. Und wir hatten ja den Mann aus Hamburg da, auch wenn der eigentlich nicht befugt war.«

»Und die Frau?«

»Die bekam ich nie zu Gesicht. Sie blieb noch bis zur Beerdigung. Aber da war ich nicht dabei.«

»Erinnern Sie sich an den Namen des Mannes?«

»Ach so, ja, warten Sie mal ...« Er starrte auf seine Socken.

»Pitzek, Ernst Pitzek. Kennen Sie ihn?«

Ich nickte.

»So ein kräftiger, stämmiger Bursche, kein typischer Großstädter, auch nicht sehr gesprächig ...«

»Wer hat dann entschieden, dass die Leichen begraben werden sollen?«

»Wir beide. Man konnte ja nicht länger warten, die waren ja schon über eine Woche tot.«

»Es gab also keine Obduktion.«

»Na, hören Sie mal, wer hätte die denn machen sollen?«

»Hätte nicht doch jemand aus Husum kommen müssen?«

»Aber für den Beamten aus Hamburg, also Pitzek, war die Sache klar. Er erzählte von einem Abschiedsbrief. Selbstmord. Was anderes kam gar nicht in Frage. Also Gift. Er erklärte mir, dass sie ganz typisch nach Giftopfern aussähen. Zyankali.«

»Und das haben Sie ihm geglaubt?«

»Natürlich«, rief er empört. »Einem Polizeibeamten!«

»Ich frage nur deshalb, weil in den Zeitungen etwas von Dienstpistolen stand, und dass sie gefesselt waren und ertrunken seien. Im Brief steht, sie wollten den Tod im Wasser suchen.«

»Sie hatten keine Waffen bei sich. Und gefesselt waren sie auch nicht. Vielleicht war ihnen Zyankali sicherer.«

»Und Tod durch Ertrinken ist auch ausgeschlossen?«

»Ist das so wichtig, ob sie ertrunken sind oder sich vergiftet haben?«

»Ich weiß es nicht.«

»Jedenfalls wurden sie nicht für eine Obduktion aufgeschnitten. Ich weiß nicht, ob sie Wasser in der Lunge hatten.«

»Wenn man Zyankali nimmt, hat man starke Krämpfe. Wie kann man da ruhig liegen bleiben, mit Tüchern über dem Gesicht, die nicht abrutschen?«

»Hören Sie, Fräulein, was kann ich dafür, dass diese beiden

Frauen sich unsere Insel zum Sterben ausgesucht haben! Wir haben sie nur gefunden und beerdigt.«

»Ich mache Ihnen keine Vorwürfe.«

»Ich würde jetzt trotzdem gern meinen Mittagschlaf machen.«

»Können Sie mir vielleicht noch zeigen, wo genau die Leichen lagen?«

Der Wachtmeister schaute mich stirnrunzelnd an. »Da wollen wir doch jetzt nicht hingehen. Das ist zu weit. Es ist Mittagszeit.«

Ich seufzte. »Zeigen Sie es mir auf der Karte. Sie haben doch sicher eine.«

Er rollte eine Karte auf seinem Pult aus und deutete mit dem Finger auf eine Stelle im Nordwesten der Insel, die ein wenig außen vor wirkte. »Dahin zu laufen, dauert aber eine Weile, Fräulein.«

»Ich hab ein Fahrrad dabei.«

Das große schwarze Telefon auf dem Schreibtisch klingelte. Das Geräusch schallte durchs ganze Haus, offenbar hatte er im Flur eine zweite, besonders laute Klingel angebracht.

Er nahm ab, meldete sich und sagte: »Einen Augenblick.« Der Blick, den er mir zuwarf, war eindeutig: »Dienstgespräch.«

Ich dankte ihm und verabschiedete mich.

– 23 –

Eisige Böen peitschen die kahlen Äste. Mich friert, meine Finger werden steif. Ich stehe oben auf dem Deich im Nordwesten der Insel. Dickes Gewölk hängt unter dem Himmel, verändert ständig seine Formen, der Wind arbeitet sich daran ab. Auch an mir zerrt er herum, an meinem Rock, dem Mantel, den Haaren, als wollte er mich zum Weitergehen drängen. Lauf fort, Jenny, was gehen dich fremde Tote an!

Hier also ist es geschehen. Unter mir erstreckt sich das Vor-

land, eine trostlose flache Erdscholle ohne Schutz vor dem
Meer, das oftmals zügellos brandet und an der Insel nagt. Da
hinten ist es zu sehen, ein grauer Strich, weiter nichts.
Stell dir den Sturm vor. Wie kann man hier liegen, wenn der
Wind und die Wellen zum Angriff auf das Land blasen? Aber
sie ahnten es ja nicht. Hätten sie sich dort hingelegt, wenn
sie gewusst hätten, dass das Unwetter nahte? Vielleicht hätte es ihnen gefallen, fortgetragen zu werden, ins Wattenmeer,
und dann vielleicht im weiten Atlantik verloren zu gehen.
So sind sie nur im Ozean der menschlichen Zivilisation un-
tergegangen.
Ich versuche mir auszumalen, wie es gewesen ist. Dies
Stückchen Erde war im Sommer grün, eine nicht gerade üp-
pige, aber bewachsene Salzwiese, die genug Nahrung für eine Herde Schafe liefert. Schafe, die sich nicht für menschli-
che Tragödien interessieren.
Sie kamen aus der anderen Richtung, vom Hafen her. Therese kräftig ausschreitend, zielstrebig, kein Zögern mehr dul-
dend. Die dunklen Haare wehten in der Sommerbrise. Was
für ein schöner Tag zu sterben, Maria!
Auch wenn ihre Schritte unsicherer waren als die ihrer
Freundin, so war Marias Entschluss nicht weniger fest. Schon
immer hatte sie gespürt, dass ihre Verbindung mit dem Leben dünner war als bei anderen. Wenn diese unendliche
Mattheit nicht nur den Körper, sondern auch den Geist er-
greift, brauchst du einen Menschen, der dich hält. Aber was
ist, wenn diesem Menschen auch aller Mut geraubt wurde
durch Missgunst und Schikane? Aus Lebensgefährtinnen
wurden Todesgefährtinnen.
Sie kamen über den Deich und suchten eine Stelle für die
ewige Rast. Ihre Koffer hatten sie dabei, sie ließen nichts
zurück bis auf das kleine Buch mit den schwermütigen Gedichten.
Du solltest nicht darin blättern, Jenny, es macht dich nur
traurig. Wieso hast du es überhaupt mitgenommen? Hör

doch auf! Was willst du denn mit diesem Gedicht von den zwei Sensen? Du zitterst doch schon vor Kälte, geh weg von hier! Lass dir von einem barmherzigen Menschen einen heißen Grog machen und flieh von der Insel. Na los doch! Heb das Fahrrad wieder auf und fahr davon!
Nein, ich lese!

»Ein alter Bauer, Ackerzucht,
Mit weißem Haar und weißem Bart,
Schlägt in den Roggenstrich mit Wucht,
Sein Auge mustert streng und hart.

Nun holt er aus, die Sense singt,
Da still – wer ist der andre Mann,
Der hinter ihm die Sense schwingt?
Das ist der große Welttyrann.

Der Alte stürzt dahingerafft,
Denn Mensch wie Frucht sind Erntegut.
Tief aus der Erde quillt die Kraft,
Und in die Erde tropft ihr Blut.«

Was für eine verrückte Idee, hier auf dem Deich an einem bitterkalten Märztag Gedichte zu lesen. Aber bitte, dann geh doch nach unten, ist das wirklich genau die Stelle, an der sie lagen? Spuren gibt es keine mehr, nur morastigen Erdboden, kärgliche Gräser und niedriges Gestrüpp.
Wer hatte das Gift? Therese? War nicht Maria die Erfahrenere in diesen Dingen? Sicherlich haben sie kein Wort gesprochen, als sie es zu sich nahmen. Angesehen haben sie sich und es gleichzeitig heruntergeschluckt.
Wie grausam sie gegen sich selbst waren. Sie wussten, dass die Möwen kommen würden. Deshalb haben sie sich die Tücher über den Kopf gelegt, zum Schutz. Oder war es nur wegen der Sonne?
Und die letzten Worte? Ein Abschiedskuss? Zwei tastende

Hände, die einander ergreifen? Leises Weinen? Oder einfach nur Schweigen? Wie ist das denn, wenn man zusammen in den Tod geht? Ist es leichter?

Wieso kommst du mir jetzt in den Sinn, Klara? Wie schön wäre es, mit dir zu sterben? Nein, ich bitte dich, du hast hier nichts zu suchen! Nicht an diesem Ort, nicht auf dieser Insel, nicht in meinem Leben!

Letzte Atemzüge, Todesröcheln, heftiges Zucken. Der Körper wehrt sich, während der Geist sich ergibt. Man möchte nicht zuhören, wenn ein anderer erstickt, nein.

Und wenn es alles anders war?

Wenn der Tod von woanders herkam, weil jemand sich eingemischt hat in das Drama der Verzweifelten und ihnen nach vollbrachter Tat die Tücher über den Kopf legte ...

Klara, wir müssen noch einmal darüber sprechen, wir müssen alles neu bedenken. Ich bin den ganzen Weg bis hierher gegangen und auf einmal spüre ich wieder diese Unsicherheit. Was habe ich denn herausgefunden? Habe ich genug Beweise, um von Wahrheit zu sprechen? Nein.

Hör zu, da ist auch noch etwas anderes. Ich will es dir gleich aufschreiben. Oben auf dem Deich. Es ist egal, ob der Wind mich wegjagen will, es ist jetzt wichtig. Ich denke die ganze Zeit an dich und merke es gar nicht!

Dort drüben das Gestrüpp bietet ein klein wenig Schutz. Bitte entschuldige, dass es nur herausgerissene Blätter aus meinem Notizbuch sind ...

Ich werde den Brief sofort abschicken, wenn ich wieder auf dem Festland bin, wenn ich es bis dorthin schaffe ... Womöglich ist der, der mich sucht, schon auf der Insel! ... Was soll ich tun, wenn er mir im Hotel auflauert? Die Zimmernummer hat er vielleicht schon erfragt. Ich werde nicht öffnen, wenn es klopft!

Dort hinten kommen zwei verwehte Gestalten über den Deich, der frostige Wind zerrt an ihren Mänteln ...

Schreib weiter, Jenny! Später hast du keine Zeit mehr dafür.

Und wer weiß, ob du dann noch die rechten Worte findest. »Liebe Klara, ich weiß jetzt, dass es ein Fehler war, mit Kurt zu gehen. Ist es nicht ironisch? Man verliebt sich, sieht die falsche Person an und geht mit ihr mit. Ist das zu verstehen? Dass ich Dir damit wehgetan habe, kann ich mir kaum verzeihen. Wo ich Dir doch das Allerschönste wünsche! Ein Trost ist nur, dass ich jetzt, wo ich es erkannt habe, leide. Das ist wohl gerecht, denn ich habe Dir Leid zugefügt. Du wusstest es ja, sonst hättest Du Dich am Telefon nicht verleugnen lassen. Es tut mir leid. Aber was nützt Dir das? Und was nützt es mir? Ich will Dir alles offenbaren und gleichzeitig weiß ich, dass ich Dich nie mehr wiedersehen darf. Nimm Kurt zurück, Klara! Mich wirst Du nicht wollen. Eine wie ich, dazu noch eine Frau, bestimmt kein Abenteuer, das sich Dir da verheißt, bestimmt nicht diese kräftige, führende Hand, nach der Du Dich sehnst. Ob Kurt so eine Hand hat, weiß ich nicht, vielleicht kommt ja noch ein anderer, eine Frau braucht doch eine ordnende Kraft in ihrem Gefühlsleben, einen Lotsen, denn wie es ausgeht, wenn es den nicht gibt, das sehen wir ja am Schicksal dieser Toten. Aber ich? Eine ordnende Kraft scheint nicht in mir zu wohnen, ich bin doch nur ein zappelnder Schmetterling im Netz des Schicksals gefangen.«

… im Netz meiner Widersacher, wie ich jetzt sehe, denn die beiden Gestalten sind Ernst Pitzek und Berta Winter. Während ich schrieb und mir ausmalte, was ich noch alles schreiben müsste, sind sie mit großen Schritten über den Deich geeilt, um mich zu holen!

Ich springe auf. Mein rechtes Bein ist eingeschlafen. Ich knicke ein, stürze zu Boden, richte mich mühsam wieder auf und kann nur humpeln. Das Fahrrad aufheben! Aber mit dem gefühllosen Bein ist es mir unmöglich aufzusteigen.

Gleich sind sie hier! Berta hält mit einer Hand ihren dummen Hut fest, den sie natürlich auch hier auf der Insel trägt. Pitzek mit seinen schweren Stiefeln, dem wehenden Mantel und der Schlägermütze, dazu dieses wulstige Gesicht, in dem die niedere Gesinnung geschrieben steht ... Ist das da eine Pistole in seiner Hand?

Verzweifelt stoße ich das Fahrrad von mir, es fällt ins Gestrüpp. Ich stolpere den Deich hinunter aufs Vorland, ziehe das taube Bein nach. Es beginnt zu prickeln, ich spüre wieder etwas. Es schmerzt, aber es gehorcht jetzt meinem Willen.

Immer schneller haste ich über den morastigen Grund dem Meer entgegen. Am besten zum Hafen hin. Ich muss nur durchhalten, dann werde ich ihnen entkommen. Bestimmt sind sie nicht schneller als ich.

Die schwarze Erde unter meinen Füßen wird heller, das niedrige Gestrüpp dünnt aus, kaum noch Grashalme, Wasserpfützen, schleimige Algen, Tangfetzen, Sandboden ... wo ist das Meer?

Vom Deich aus betrachtet, schien es gleich am Ende des Vorlands zu beginnen, aber hier eröffnet sich die weite Fläche des Watts, nur Pfützen, keine Wellen.

Ich blicke mich um. Sie kommen näher ...

– 24 –

Wahrscheinlich gibt es immer in solchen Situationen einen Moment, wo der Körper sich von den Gedanken löst. Wenn es nur noch ums nackte Überleben geht, übernimmt der Instinkt die Führung.

Anstatt am Ufer entlangzulaufen, rannte ich geradewegs ins Watt hinaus, in der wahnwitzigen Hoffnung, auf irgendeine Weise Wasser zwischen mich und meine Verfolger zu bringen.

Ich wunderte mich, wie lange ich laufen konnte, ohne zusammenzubrechen. Irgendwann wurden wir durch einen Priel voneinander getrennt. Berta war weit hinter ihrem Begleiter zurückgeblieben. Pitzek hatte versucht, einen Bogen zu laufen, um mich abzufangen, jetzt fand er keine Furt und blieb von mir abgeschnitten auf der anderen Seite des Wasserarms stehen. Er lief ein Stück zurück, aber da, wo ich durch ein kleines Rinnsal gesprungen war, strömte bereits viel tieferes Wasser.

Ich rannte weiter. Mit hechelndem Atem taumelte ich auf eine Sandbank zu und blieb, kurz davor, im Boden stecken, der sich um meine Stiefel schloss wie ein teigiges Sandtier, dass nach Nahrung gierte. Ich kam nicht mehr voran. Nur mühsam konnte ich mich befreien. Beinahe hätte ich einen Stiefel verloren. Mit nassen Füßen ging ich weiter und duckte mich schließlich in eine Kuhle, in der Hoffnung, dass die beiden längst nicht mehr wussten, wo ich mich befand.

Als das Wasser kam, musste ich weiter hoch. Auf dem Sandhügel stellte ich fest, dass meine Verfolger verschwunden waren. Sie hatten Glück, die Natur war auf ihrer Seite. Um mich herum nur noch Wasser. Ich war vom Festland abgeschnitten.

Ich unternahm mehrere Versuche, durch Priele oder Wasserscheiden auf eine näher am Ufer liegende Sanderhebung zu kommen, doch jedes Mal musste ich umkehren, noch nasser, noch kälter, noch frierender.

Meine Insel wurde immer kleiner. Die Kreise, die ich lief, um nach einer Rettungsmöglichkeit zu suchen, wurden immer enger. Schließlich drehte ich mich nur noch auf der Stelle. Das Wasser war am höchsten Punkt der Sandbank angekommen, bald schwappte es über meine Füße, dann gegen die Waden, stieg bis zu den Knien.

Du musst zum Ufer schwimmen, sagte ich mir. Aber ich wusste, dass es in dem kalten Wasser kaum möglich war.

Das Ruderboot sah ich, als ich gerade anfangen wollte, mich auszuziehen. Ich schrie, bis ich heiser war und winkte, bis ich keine Kraft mehr dazu hatte. Endlich schien das Boot näher zu kommen. Schließlich erkannte ich die Umrisse eines Mannes, der den Arm hob zum Zeichen, dass er mich gesehen hatte.

Als er mich erreicht hatte, stand mir das Wasser bis zur Brust. Beim Versuch, ins Boot zu klettern, rutschte ich aus und tauchte ganz unter. Eine kräftige Hand packte mich am Arm und zog mich hoch.

»Nu kippen Sie mal das Boot nicht um, Fräulein«, sagte der Fischer und hob mich mit einem Arm hinein, als sei ich ein Fliegengewicht.

Ich blinzelte ihn an. Der Mann war ungeheuer groß und breit, kein Wunder, dass er solche Kräfte hatte.

»Bedanken können Sie sich später«, sagte der Fischer und begann zu rudern. Ich stellte fest, dass mein linkes Brillenglas zerbrochen war.

Am Ufer angekommen, blieb ich zitternd sitzen, während er das Boot aus dem Wasser zog und festmachte.

»Kommen Sie, Fräulein. Ist noch ein Stück Weg.« Er hob mich mit seinen riesigen Händen aus dem Boot und hielt mich so lange fest, bis er sicher war, dass ich nicht umkippte.

Einen Eimer mit zappelnden Plattfischen in der einen Hand, eine Art Harpune in der anderen, ging er voran. Immer wieder musste er stehen bleiben und auf mich warten.

»Bewegung, Fräulein, Bewegung!«

Ich schaffte es kaum den Deich hoch, glitt ständig auf dem feuchten Gras aus, ich zitterte wie bei einem schlimmen Schüttelfrost. Wahrscheinlich ist das der Tod, Jenny, jenseits aller Romantik vom gemeinsamen Sterben: Du zitterst erbärmlich, während sich in deinem Innern eine eisige Kälte ausbreitet und du so sehr erstarrst, dass du die Außenwelt nicht mehr spüren kannst. Du wirst zu einem Eisblock und zerbrichst.

Er hielt mir den Holzgriff seiner Harpune hin und zog mich den Deich hinauf. Dann taumelte ich wieder hinunter. Über einen Feldweg erreichten wir ein kleines Häuschen unter kahlen, mächtigen Bäumen.

Eine kleine, schmale, sehr schweigsame Frau half mir beim Ausziehen der nassen Kleider und gab mir Unterzeug und Wolldecken.

Der Mann heizte den Herd in der Küche tüchtig ein und stellte mir einen Grog hin. Hustend trank ich ihn so schnell wie möglich aus. Ich bekam noch einen. Das Zittern hörte auf und in meinem Körper und meinem Kopf breitete sich eine neblige, wattige Müdigkeit aus, ein kribbeliges Gefühl in den Beinen, schließlich Wärme, dann eine Art Fieberhitze und dumpfes Dröhnen im Schädel.

»Man geht nicht allein ins Watt«, sagte die Frau streng. »Schon gar nicht im Winter.«

Ich bekam ein Kopfkissen und durfte mich auf die Bank neben dem Herd legen.

Immer wieder schaute die Frau mich streng an, als wollte sie mich tadeln. Vielleicht sah sie immer so aus, aber mich verunsicherte es. Ich schloss die Augen, um ihrem abschätzigen Blick nicht länger ausgeliefert zu sein.

Der Fischer kam herein, zündete sich eine Pfeife an und setzte sich an den Tisch.

»Wo wollten Sie denn hin?«, fragte er nach einer Weile des Schweigens.

Ich richtete mich auf. Geradezusitzen war nicht einfach, mir war schwindelig. Trotzdem wollte ich zeigen, dass ich mich zusammenreißen konnte.

»Ich … weiß nicht.« Was sollte ich sagen? Dass ich als Polizistin aus England von zwei Polizisten aus Hamburg verfolgt wurde, die versucht hatten, mich umzubringen, weil ich den Tod von zwei Polizistinnen aufklären wollte, die vielleicht von Polizisten umgebracht worden waren? Das war doch absurd!

»Da waren noch andere im Watt«, sagte der Fischer. »Zwei. Aber die sind zum Ufer zurückgegangen.«

Ich schwieg.

»Im letzten Sommer sind an der Stelle zwei Tote gefunden worden«, sagte er. »Strandleichen haben wir hier manchmal. Meistens werden sie angeschwemmt. Kommt ja vor, dass einer vom Schiff fällt ... Aber die waren hier auf der Insel abgestiegen.« Er zog an seiner Pfeife und stieß den Rauch aus. »Sie sind doch die Polizistin aus Hamburg?«

»Ja, eigentlich aus London.«

Er winkte ab. »Sie haben nach den beiden Toten gefragt.«

»Ja, die Todesumstände sind ...«

»Die wurden dann bei der Alten Kirche begraben, aber Strandleichen waren das nicht.« Er schmauchte weiter.

Ich sah ihn an. Worauf wollte er hinaus?

»Wenn es Sie heute auch erwischt hätte, wären es schon drei Polizistinnen gewesen. Ich wusste übrigens bis zum letzten Jahr gar nicht, dass es Frauen bei der Polizei gibt ...«

»Da Frauen leider auch Opfer von Verbrechen werden, sollte die Polizei ebenfalls ...«

Er unterbrach mich abermals: »Und dann werden Polizistinnen Opfer von Verbrechen ... Sie haben einen riskanten Beruf, Fräulein. Was wollten denn die andern beiden, die da noch im Watt waren, von Ihnen?«

Gab es darauf eine klare, eindeutige Antwort? Was wollten Berta Winter und Ernst Pitzek von mir? Pitzek hatte eine Pistole in der Hand gehalten.

»Mit mir reden ...«

»Hab noch nie gehört, dass jemand ins Watt läuft, weil er keine Lust auf eine Unterhaltung hat.«

»Ich fühlte mich bedroht.«

»Aha. Und hat das was mit den beiden Toten vom letzten Jahr zu tun?«

»Vielleicht.«

Er legte die Pfeife auf den Tisch und schaute sie nachdenklich an. »Ich weiß ja nicht, ob die beiden Polizistinnen sich auch bedroht gefühlt haben, aber vielleicht hatten sie Grund dazu.«

»Wie meinen Sie das?«

»Ich war draußen, bin immer draußen, jeden Tag. Butte holen oder sonst was. Ein, zwei Tage vor dem großen Sturm, als die da schon gelegen haben sollen, ist dort ein Motorboot unterwegs gewesen. Kommt ja nicht so oft vor, also achtet man drauf. Fremde. Männer in schwarzen Ledermänteln. Bestimmt keine Fischer. Niemand von hier, eher Leute aus der Stadt. Die sind an Land gegangen, oben am Bupheverkoog. Das ist ungewöhnlich. Normalerweise laufen Gäste den Hafen an. Aber Hobbysegler waren das wohl nicht.«

»Und dann?«

»Dann wurden die beiden Toten gefunden. Und heute laufen Sie dort im Watt herum und ertrinken beinahe. Und wieder hab ich ein Motorboot gesehen mit Männern in Ledermänteln. Jetzt höre ich, Sie sind auch Polizistin aus Hamburg. Das kommt mir alles doch recht merkwürdig vor.«

»Was denken Sie?«

»Wissen Sie, Fräulein, ich lese Zeitung, und ich höre, was die Gäste so erzählen oder Bekannte, die auf dem Festland waren. Da geht's drunter und drüber, so hat man den Eindruck. Mord und Totschlag. Alle wollen mitreden, alle wollen bestimmen, und wer am lautesten schreit, wird am besten gehört, und dem läuft man hinterher. Hier bei uns geht das nicht so. Der Wind und die Wellen sind oft genug lauter als die Menschen. Aber wenn ihr jetzt eure Verrücktheiten hier auf die Insel bringt ... das wollen wir nicht.«

Seine Frau kam herein und stellte mehrere Einmachgläser auf den Tisch. Sie warf ihm einen strengen Blick zu.

»Meine Frau meint, ich rede zu viel«, sagte er.

Sie musterte mich kurz und sagte dann an ihn gewandt: »Du kannst sie jetzt rüberbringen.«

Seufzend erhob er sich. »Meinetwegen. Aber gib ihr noch was zum Anziehen, sonst kriegt sie einen Schnupfen. Ich warte draußen.«


– 25 –


Ich saß neben dem Fischer auf dem Kutschbock eines kleinen Leiterwagens, der von einem alten Gaul gezogen wurde. Ich zitterte wieder. Kaum hatte der Fischer mich nach draußen vor die Tür geführt, begann ich durch meine kaputte Brille hindurch die Umgebung nach Männern in Ledermänteln abzusuchen. Sie konnten überall lauern, in Wassergräben oder hinter Bäumen, vielleicht jenseits des Deichs. Und Berta war bei ihnen, zusammen mit ihrem brutalen Freund Pitzek! Sie hatten mich von Anfang an beobachtet, seit ich im Hamburger Hafen von Bord gegangen war. Wie ein dummes Schaf war ich der Mörderbande in die Arme gelaufen und hatte meine Ermittlungen unter ihrer Beobachtung gemacht. Schließlich war ich brav auf die Insel getrottet, die zu meiner Schlachtbank werden sollte. Und nun? Eins stand fest: Wenn sie so weit gegangen waren, würden sie nicht einfach aufgeben.

Neben der Tür des Gasthofs an der Hooger Fähre stand Svenjas Fahrrad, gegen die Mauer gelehnt. Wie kam es hierher? Hatten Berta und Pitzek es gebracht oder die Männer in den schwarzen Ledermänteln? Warteten sie drinnen in der Wirtsstube schon auf mich? Hatten sie Svenja in ihrer Gewalt?

»Wenn Sie weiter so zittern, fallen Sie noch auseinander, Fräulein«, sagte der Fischer und machte die Zügel fest.

Er stieg ab und sah mich erwartungsvoll an.

»Das Fahrrad!«, stieß ich hervor.

Er verstand nicht, was ich meinte.

»Kommen Sie runter, drinnen ist es warm.«

Ich schüttelte den Kopf.

»Wenn Sie da sitzen bleiben, holen Sie sich den Tod, so wie Sie frieren«, stellte er fest.

»Wo ist Svenja?«, brachte ich gerade mal flüsternd über die Lippen.

Der Fischer zuckte mit den Schultern. »Ich kann ja mal reingehen.«

Ich wollte ihn noch warnen: »Vorsicht, sie sind bewaffnet«, aber meine Stimme versagte.

Er drehte sich um und ging mit schweren Schritten auf den Eingang der Pension zu. Ein massiger Mann, der nichts fürchtete, außer die politischen und sozialen Wirren des Festlandes, der ahnte, dass eben diese Wirren mittlerweile hier angekommen waren. Das Untier streckt seine Klauen dahin aus, wo es Beute wittert. Und hier auf der Insel gab es im Moment tatsächlich etwas zu holen – mich.

Es ist ganz einfach, Jenny, du darfst nur nicht aufgeben, sagte ich mir. Steig von der Kutsche und lauf rüber zum Haus, nimm dir das Fahrrad und radle davon. Wenn du erst mal fort bist, werden sie dich nicht kriegen. Du wirst einen Ort finden, an dem du dich verbergen kannst. Auch Thesy und Maria wurden tagelang nicht gefunden. Du darfst dich nicht ausliefern. Lauf los!

So kraftlos wie beim Herunterklettern vom Kutschbock hatte ich mich nie gefühlt. Beinahe sank ich ins nasse Wintergras. Du willst Fahrrad fahren? Das schaffst du nie! Du kannst dich ja kaum auf den Beinen halten.

Mit unsicheren Schritten näherte ich mich dem Eingang, neben dem das Fahrrad lehnte. Die Tür wurde aufgestoßen und der Fischer trat heraus. Breitbeinig blieb er stehen. Kopfschüttelnd schaute er zu, wie ich ihm entgegentaumelte.

»Ja, kann man denn da nicht helfen!«, rief eine helle Stimme, und Svenja eilte an ihm vorbei, um mich zu stützen.

»Sie machen ja Sachen, also so was!«

Ich war noch immer derart verunsichert, dass ich mich sträubte mitzugehen. »Das Fahrrad«, flüsterte ich.

Sie fasste mich unter. »Das wurde gebracht. Ich habe mir schon Sorgen gemacht. Es lag verlassen auf dem Deich. Was ist denn nur passiert?«

»Sind sie da?«, fragte ich und blieb stehen.

»Wer denn, was ist denn?«

»Sie wollen mich holen ...«

Svenja schaute den Fischer fragend an.

»Jemand hat ihr Angst eingejagt, da ist sie ins Watt gelaufen.«

»Angst eingejagt? Wer macht denn so was?«

»Keiner hier von der Insel jedenfalls, das steht fest.« Er tippte sich an die Mütze und ging davon. Die Kutsche rollte los, und wir standen immer noch vor dem Haus.

»Es ist niemand da«, sagte Svenja.

Ich ließ mich von ihr in die Gaststube ziehen.

»Wenn jemand kommt ... Fremde ... sie dürfen nichts von mir wissen ... ich muss auf mein Zimmer.«

»Ist es so schlimm?«

Ich nickte. »Sie wollen mich umbringen.«

Svenja ließ sich nicht aus der Ruhe bringen. Sie dachte nach, musterte mich eingehend und rang sich zu einem Entschluss durch.

»Sie müssen mir versprechen, es nicht weiterzuerzählen, dann gebe ich Ihnen ein neues Zimmer. Eins, wo man Sie nicht finden kann.«

»Sie können jeden Augenblick kommen«, murmelte ich vor mich hin.

»Ich sage doch, ich kenne ein Versteck«, sagte sie ein wenig verärgert, vielleicht, weil ich so kraftlos wirkte, und schob mich ins Treppenhaus.

Wir stiegen ganz nach oben bis auf einen zweiten, niedrigen Dachboden, über den wir gebückt in einen Winkel gelangten, wo Svenja eine Falltür hob, eine Leiter aus einer Ecke zerrte und sie durch die Öffnung steckte.

»Da gehen wir runter«, sagte sie flüsternd.

Wir stiegen in eine kleine, quadratische Kammer hinab, ein Zimmer ohne Tür. Durch ein winziges Fenster im Reetdach fiel ein wenig Licht. Die Kammer war karg eingerichtet, es gab ein Bett, eine Truhe, einen Nachttisch und eine Waschgelegenheit mit Krug, Schüssel, Seife und Handtüchern. Auf dem Nachttisch das Buch *Kama Sutra* mit einem reich verzierten bunten Einband.

»Was ist das hier?«, fragte ich erstaunt.

»Das war mal dazu da, spezielle Dinge aufzubewahren, die nicht gefunden werden sollten.«

»Schmuggelgut.«

»Nenn es, wie du willst.«

»Und jetzt?«

»Nutze ich es dann und wann.«

»Wozu?«

»Frag nicht. Du musst dich ausruhen. Geh ins Bett.«

»Ich kann nicht … ich muss zurück nach Hamburg!«

»Morgen vielleicht, heute fährt das Schiff nicht mehr.«

»Aber wie soll ich morgen zum Schiff kommen? Sie werden doch da auf mich warten.«

»Ich denke darüber nach.«

»Ich muss etwas unternehmen.«

»Was willst du denn in deinem Zustand unternehmen? Hinrich hat mir erzählt, dass du knapp dem Tode entronnen bist. Im eisigen Wasser. Leg dich ins Bett und halte dich warm, sonst wird es noch schlimm ausgehen. Nimm die Brille ab, die ist sowieso kaputt. Ich bringe dir einen heißen Stein und was Warmes zu trinken.«

Ich gab auf, sie hatte ja Recht. Ich konnte gar nicht weg, ich musste erst mal wieder zu Kräften kommen.

»Meine Sachen müssen getrocknet werden.«

»Ich werde sehen, was sich machen lässt.«

»Wann geht das Schiff morgen?«

»Um neun, glaube ich. Ich werde mich erkundigen.«

»Ich muss heimlich an Bord, niemand darf mich sehen.«

»Es wird alles gut. Sei still, leg dich ins Bett. Ich komme gleich wieder.«

Sie brachte heißen Tee und den Stein, den sie in ein Tuch gewickelt hatte.

Dann verschwand sie wieder.

Ich schlief ein.

Mitten in der Nacht wachte ich auf und glaubte, sie käme zu mir. Aber da war nur der Mond, dessen weißes Licht zwischen den zerrupften Wolken auf mein Bett schien. Der Einband des dicken Buchs auf dem Nachttisch glitzerte.

Am frühen Morgen weckte mich Svenja, als sie die Leiter herunterstieg. In der Hand hielt sie meine Kleider. Sie warf alles aufs Bett.

»Guten Morgen. Sauber sind sie nicht, aber trocken.«

»Danke.«

»Hast du denn nichts zum Wechseln in deinem Koffer?«, fragte sie.

»Ach, da ist nur Wäsche drin und ein dünnes Kleid. Ich weiß gar nicht, warum ich das immer mit mir herumtrage.«

Svenja lächelte. Ihr Blick fiel auf das Buch auf dem Nachtschränkchen. Sie nahm es schnell und schob es unters Bett. Durch die Dachluke sah ich das helle Blau des Himmels, verwehte weiße Wolken. Es war kalt im Zimmer.

»Ich habe mich erkundigt. Es sind keine neuen Fremden auf der Insel abgestiegen. Auch das Motorboot wurde nicht mehr gesehen. Vielleicht sind sie alle zusammen zurück aufs Festland.«

»Oder sie verstecken sich irgendwo.«

»Dann müssten sie jemanden auf der Insel kennen. Oder sie haben sich privat eingemietet.«

»Wäre das nicht möglich?«

»Ich kann nur die großen Häuser telefonisch erreichen. Falls sie noch da sind, wird es sich schnell herausstellen.«

»Aber wenn sie zum Schiff kommen ...«

»Ich werde dich begleiten. Wenn du dich mit dem Anziehen beeilst, hast du noch Zeit für eine Tasse Kaffee.«

»Ich bin sofort unten. Gibt es was zu essen? Ein Würstchen vielleicht?«

»Du kannst unterwegs ein Butterbrot essen.«

In Windeseile zog ich meinen schmutzigen Tweed an. In der Jackentasche steckte noch der aufgeweichte Gedichtband. Ich nahm die Sachen der Fischersfrau mit in die Gaststube. Dort fand ich eine Tasse Kaffee und einen Teller mit Brot vor. Svenja kam hinter dem Tresen hervor und hielt zwei Würstchen in der Hand: »Pack die mal ein.«

»Ich esse sie lieber gleich.«

»Zum Kaffee? Warte lieber damit, wir haben es eilig, es ist schon spät.«

»Wie kommen wir denn hin?«

»Mit dem Fahrrad. Los jetzt!«

Ich musste mich auf den Gepäckträger setzen und versuchen, mit dem Koffer unter dem rechten Arm das Gleichgewicht zu halten. Es gelang nur, indem ich Svenja mit dem anderen umarmte. Sie ließ es wortlos geschehen.

Kurz vor dem Hafen sprang ich ab. Svenja bremste und schien erstaunt.

»Du musst erst nachsehen, ob sie da sind.«

»Du kannst doch oben beim Hotel warten. In den Häusern am Hafen ist gestern niemand abgestiegen.«

»Trotzdem, vielleicht lauern sie dort auf mich.«

»Ich kann unmöglich alles absuchen ... das Schiff legt bald ab.«

»Tu es, so gut du kannst, und versichere dich, dass keine Fremden an Bord sind!«

»Na gut, warte hier.«

Es dauerte quälend lang, bis sie zurückkam. Schon ertönte die Schiffssirene.

»Schnell!«, rief Svenja und griff nach meinem Koffer.

Ich rannte hinter ihr her.

Im Laufen rief sie mir zu: »Es sind keine Fremden an Bord!«
Ich rechnete jeden Moment damit, Pitzek könnte auftauchen, mir in den Weg treten, mich zu Boden werfen ... aber es geschah nichts.

Svenja war jetzt neben mir: »Nach dir lassen sie niemanden mehr drauf.«

Am Schiff hob sie den Koffer und legte ihn auf meine Arme, wahrscheinlich, weil ich so komisch dastand. Ich wollte ihr danken, aber in diesem Moment fehlten mir alle Worte. Ein Matrose winkte: »Los doch!«

Ich betrat die Gangway. »Der Steward wird sich um dich kümmern, wenn es nötig sein sollte. Aber Vorsicht ...« Sie zwinkerte mir zu: »Hände weg!«

Zügig betrat ich das Deck. Ich drehte mich um. Ein junger Mann in schmucker Uniform trat zu dem Matrosen, um ihm beim Einholen der Gangway zu helfen. Svenja winkte ihm zu. Er lächelte vor sich hin. War er es, mit dem sie nachts in der geheimen Kammer unterm Dach dieses dicke Buch las? Und später fiel der Mondenschein durch die schmale Luke auf den glitzernden Einband.

Die Maschine kam auf Touren und der Schiffsleib erzitterte. Die Sirene heulte zwei Mal auf, das Geschrei der Möwen antwortete. Ich spürte den Wind in meinen Haaren ... da ertönte ein Schrei.

Der Matrose hielt inne, der Steward reckte sich und schaute zum Anleger. Das Schiff glitt träge Zentimeter um Zentimeter vom Kai weg, der Zwischenraum vergrößerte sich, das schwarze Wasser schwappte ungeduldig.

Eine Frau trippelte hastig den Deich hinunter. Sie trug einen seltsamen Hut und geriet ins Stolpern.

Der Steward warf Svenja einen Blick zu. Sie schüttelte den Kopf. Er wies den Matrosen an, das Ablegemanöver fortzusetzen.

Eine massige Gestalt tauchte hinter der Frau auf. Es war Pitzek. Mit weit ausholenden Schritten rannte er hinter ihr her. Berta streckte die Hand aus, als wollte sie das Schiff zu fassen bekommen, es stoppen, aber sie war ja noch nicht mal an den Fischkuttern vorbei. Wieder das Signal der Schiffssirene. Und da hatte Pitzek sie auch schon erreicht, von hinten gepackt und zu Boden gerungen.

War sie vor ihm weggelaufen?

Das Motorschiff wendete, das Paar verschwand hinter einem Kutter. Svenja stand da und starrte in ihre Richtung.

Die beiden kamen wieder in mein Blickfeld. Pitzek breitbeinig dastehend, einen Arm herrisch um Bertas schmale Schultern gelegt. Er presste sie an sich. Berta lehnte ihren Kopf gegen seine Brust. Ihr Hut rutschte herab und fiel zu Boden. Der Wind blies ihr die Haare ins Gesicht, aber auf diese Entfernung hätte ich ohnehin nicht erkennen können, ob sie weinte.

# DRITTER TEIL: DIE TOTSCHLÄGER UND DIE ABGÖTTISCHEN

– 26 –

»Dann muss ich Sie aber gleich melden«, sagte meine Pensionswirtin auf St. Pauli mit verkniffenem Gesicht, als ich nach meinem alten Zimmer fragte.

»Was müssen Sie tun?«

»Zwei Polizisten sind hier gewesen und haben nach Ihnen gefragt. Sie haben mir eine Telefonnummer gegeben. Ich soll gleich anrufen, falls Sie wiederkommen.«

»Zwei Polizisten? Wie sahen sie aus?«

»Eine Frau und ein Mann. Keine Uniformierten. Die Frau trug so einen komischen großen Hut. Der Mann war sehr kräftig – wenn ich nicht gewusst hätte, dass es ein Polizist ist, hätte ich ihn für was ganz anderes gehalten.«

»Ja, ich weiß schon, ich kenne die beiden.«

»Wollen Sie das Zimmer trotzdem haben?«

»Könnte ich nicht unter einem anderen Namen ...?«

Sie schüttelte den Kopf. »Ich hatte in letzter Zeit einige Scherereien. Das kann ich mir nicht leisten.«

»Und wenn ich wieder gehe ...«

»Dann muss ich nicht Meldung machen, Sie sind ja nicht hier abgestiegen.«

»Aber Sie haben mich gesehen.«

»Man kann ja nicht kontrollieren, was ich sehe und was nicht!«

»Danke. Gibt es eine andere Unterkunft, die Sie mir empfehlen können?«

»Es gibt einige, die nicht gleich nach den Papieren fragen. Aber ich sollte besser nicht wissen, wohin Sie jetzt gehen.«

Das Telefon auf dem Rezeptionspult klingelte. Wenn sie jetzt anriefen, was würde die Wirtin sagen? Ich nahm meinen Koffer und verabschiedete mich schnell.

Ich setzte mich in ein großes, gut besuchtes Kaffeehaus an der Reeperbahn, um etwas zu essen. Je mehr Menschen um mich herum waren, dachte ich, desto weniger fiel ich auf. Von der hintersten Ecke aus konnte ich das ganze Lokal überblicken. Was ich allerdings tun würde, wenn meine Verfolger hereinkämen, wusste ich nicht. Als ich meinen Blick durch die hohen Fenster nach draußen schweifen ließ, bemerkte ich, dass ich direkt gegenüber einer Polizeiwache saß. Ausgehungert machte ich mich über eine Gulaschsuppe her. Danach bestellte ich mir ein Bier und dachte nach.

Ich befand mich in einer beängstigenden Situation. Ich war aufgebrochen, um als Außenstehende Nachforschungen über einige Merkwürdigkeiten bei der Hamburger Polizei anzustellen – und nun wurde ich selbst polizeilich gesucht. Hatte ich mir etwas zuschulden kommen lassen? Meine Fragen mögen unbequem gewesen sein, ein Gesetz hatte ich damit nicht übertreten. Ich hatte von Anfang an das Gefühl gehabt, abgelehnt zu werden. Gut, aber es gab keinen Grund, mich wie eine Verbrecherin zu behandeln. Dass man mir sogar nach dem Leben trachtete, konnte doch nur bedeuten, dass es in dieser Stadt Polizisten gab, die selbst Verbrecher waren. Dass die ganze Polizeibehörde eine Verbrecherorganisation war, hielt ich für undenkbar. Aber Teile von ihr vielleicht schon. War ich unwissend zwischen zwei Fronten geraten? Würde es mich retten, wenn ich bei den staatlichen Kräften Schutz suchte? Aber wie konnte ich herausfinden, wer

Freund und wer Feind war? Ein falscher Schritt und ich war in den Händen derer, die mir etwas Böses wollten. Ein falscher Schritt, Jenny, und die Falle schnappt zu.

Ein langer, dünner Schatten tauchte neben mir auf, beugte sich zu mir herab und flüsterte mir ins Ohr: »Aber hungrig bin ich nach dir!«

Ich fuhr zusammen und starrte ihn, wahrscheinlich mit weit aufgerissenen Augen, an. »Kurt!«

»Na, wieder im Lande?«, fragte er und setzte sich auf den Stuhl neben mich.

Ich muss ihn ziemlich finster angeschaut haben, denn er lachte: »Ist es wirklich so schlimm, mich wiederzusehen?«

Ich dachte an seine blasse Haut mit den Sommersprossen, die magere Brust ... an den Moment, als er sich auf mich wälzte ...

»Es geht so.«

Er grinste. »Ich hab an dich gedacht, kleine Engländerin, tagein, tagaus und in jeder Nacht.«

»Mir ist nicht nach Reimen zumute.«

Er schnippte mit den Fingern nach einer vorbeikommenden Kellnerin. »Für mich auch ein Bier!«

»Ich würde gern allein bleiben.«

Er tat empört. »Aha, man möchte allein bleiben, indem man in ein voll besetztes Kaffeehaus geht.«

»Genau das.«

»Man möchte Kurt Ritter nicht treffen und treibt sich auf St. Pauli herum. Das ist ein Widerspruch in sich.«

»Ich bin nicht zu Scherzen aufgelegt.«

»Das merke ich. Und ich kann dich verstehen. Dir ist gerade klar geworden, dass du vergessen hast, wie sehr du dich nach mir sehnst. Natürlich ist es dir peinlich, plötzlich festzustellen, dass du hier nur sitzt, weil du gehofft hast, ich käme zufällig vorbei.«

»Bestimmt nicht.«

Die Kellnerin stellte das Bierglas so schwungvoll vor ihn hin, dass es überschwappte. »Untersteh dich, vor meinen Augen eine andere abzuschleppen, du Schuft!«, zischte sie.

»Was meint sie denn damit?«, fragte ich.

»Ja, siehst du, das frage ich mich auch.«

»Und ich habe gedacht, ich hätte mich zwischen dich und Klara gestellt.«

Er lachte vor sich hin. »Zwischen mich und Klara passt nicht mal ein Stück Papier.« Er musterte mich anzüglich. »Und wie ein Stück Papier siehst du wirklich nicht aus. Ein hübscheres Geschenkpapier könntest du allerdings gebrauchen, und es wäre eine wahre Freude, dich auszupacken.«

»Bitte, sprich nicht so!«

Die Kellnerin kam mit großen Schritten heran und sagte zu mir: »Fräulein, wenn ich Sie darauf hinweisen darf, dass dieser Kerl ein Meister im Süßholzraspeln ist ... Aber wenn man dann seine Bude sieht und das ganze Ausmaß des Elends, wenn der Herr erst mal komplett abgelegt hat, dann merkt man, dass Hochstapelei vielleicht eine Kunst ist, die aus dem Nichts heraus funktioniert, zur Liebe jedoch braucht man ein gewisses Handwerkszeug ...«

»Das weiß ich doch schon«, sagte ich unwirsch, weil diese anmaßende Belehrung mir unangenehm war.

»Ach, tatsächlich? Hat er sein Waterloo schon erlebt? Dann wundert es mich aber, dass Sie hier bei ihm sitzen. Verlieben Sie sich bloß nicht in den, davon kriegen Sie nur Asthma!«

Damit rauschte sie davon.

Kurt grinste verlegen. »Das ist nur wegen Klara, weil sie ihren Platz in der Kabarettgruppe für sie freimachen musste. Eine alte Geschichte. Was ist übrigens mit deiner Brille passiert?«

»Zerbrochen.«

»Bei mir in der Straße gibt es einen Optiker. Heute am Sonntag ist natürlich geschlossen, aber morgen ...«

»Ein Optiker?«

»Er macht Brillen, also kann er sie auch reparieren.«

Ich nahm die Brille ab und schaute sie an. Es war sehr lästig, mit einem kaputten Glas herumzulaufen.

»He, jetzt fängt sie ja doch an, sich auszuziehen!«, witzelte Kurt.

»Ich komme mit.«

Nun war er aber erstaunt.

Wir zahlten und standen auf. Die Kellnerin warf mir einen verächtlichen Blick zu, als Kurt die Tür für mich aufzog.

Sie hatte Recht, ich hätte es nicht tun sollen. Aber es schien mir die einfachste Möglichkeit zu sein, mich zu verstecken.

Als wir in seinem schäbigen Zimmer ankamen, wurde ich wieder von diesem Ekelgefühl gepackt, das mich beim ersten Mal hier fortgetrieben hatte. Dass er sich gleich dicht vor mich hinstellte und eine Umarmung erwartete, machte es nicht besser. Ich wandte mich ab. Er umfasste mich von hinten.

»Lass das!«, sagte ich. »Hör mal, Kurt, ich bin in Schwierigkeiten …«

»Im Gegenteil, meine Kleine, im Gegenteil.«

»Ich bin nur mitgekommen, weil ich nicht weiß, wo ich sonst hin kann.«

»Aber bei mir bist du doch gut aufgehoben!« Er strich um mich herum wie ein Kater und sagte lächelnd: »Du schämst dich ein bisschen, das ist nicht schlimm. Ich geh runter und hol uns eine Flasche Sekt. Leg dich schon rein.« Er deutete aufs Bett.

Als er zurückkam, saß ich auf dem Stuhl, noch immer im Mantel, und ihm entfuhr ein enttäuschtes: »Ach …«

Er stellte die Sektflasche auf die Fensterbank. »Ich hab sogar Gläser, schau mal.« Er machte eine akrobatische Sache daraus, die Gläser zu füllen. Da ich nicht unhöflich sein wollte, nahm ich das angebotene Glas an.

Als er versuchte, sich auf meinen Schoß zu setzen, ließ ich ihn abrutschen. Das fand er lustig.

»Kurt, ich bitte dich, ich bin nur hier, weil ich in Gefahr bin.«

Er hörte nicht zu, sondern fasste mich einfach an, grob und gierig. Es endete damit, dass ich ihm den Arm auf den Rücken drehte und aufs Bett schob. Er schrie laut auf vor Schmerz.

Erschrocken ließ ich ihn los, nahm meinen Koffer und flüchtete ins Treppenhaus, wo ich mich eine Treppe tiefer hinhockte. Zum Glück rannte er mir nicht nach und machte keinen Skandal. Warum hatte er mir nicht zugehört? Wäre er dann vernünftiger geblieben? Ich dachte an Tante Elsi und fragte mich, warum Frauen immer unter den Männern leiden müssen. Irgendwann nickte ich ein und träumte, meine Verfolger hätten mich gefunden. Ich schreckte hoch, als ein Betrunkener an mir vorbeitaumelte.

Dann war es wieder ruhig. Ich döste erneut ein und wurde vom Rauschen der Toilettenspülungen und Türenschlagen geweckt. Das Haus erwachte langsam wieder zum Leben, immer mehr Menschen kamen die Treppe herunter auf dem Weg zur Arbeit.

Als es hell wurde, verließ auch ich das Haus.

In zwei Souterrain-Kneipen für späte Gäste trank ich Tee, bis sie zumachten. Anschließend spazierte ich herum und hoffte darauf, dass die Geschäfte bald öffneten.

– 27 –

»Sie sind ja früh dran«, sagte der kleine Mann mit der spitzen Nase und dem schütteren Haar, der gerade das Gitter seines Ladens öffnete. »Aber ich sehe schon«, fügte er hinzu, als er mein zersprungenes Brillenglas bemerkte, »es ist dringend.«

Ich trat hinter ihm ins Geschäft, in dem noch der kalte Rauch des Vortags hing. Optiker Niemann zündete sich mit nikotingelben Fingern eine Zigarette an und nahm meine Brille entgegen. Dann ging er in ein Hinterzimmer und ich setzte mich auf einen Stuhl. Mir war hundeelend, mein Körper schmerzte überall, ich fühlte mich alt und verbraucht, kraftlos und leer. Draußen ging ein Polizist vorbei. Kurz warf er einen Blick durch das Schaufenster auf die Brillen und sonstigen optischen Geräte, dann auf mich, desinteressiert, auch noch recht müde.

Ich musste immer wieder an Kurt denken, auch wenn ich ihn lieber aus meinem Gedächtnis gestrichen hätte. Ich empfand sein Verhalten als Verrat an unserer Freundschaft. Aber wie kam ich darauf, dass wir befreundet waren? Klara fiel mir ein. Wäre ich doch nur zu ihr gegangen! Warum hatte ich das eigentlich nicht in Erwägung gezogen, ich wusste doch, wo sie wohnte, auch wo sie arbeitete. Aus Angst, abgewiesen zu werden? Wäre es denn so schlimm gewesen? Ja, sagte ich mir, es wäre noch schlimmer gewesen. Ein einfaches »Lass-mich-in-Ruhe« von Klara hätte mich mehr getroffen als dieses ganze aufdringliche Getue von Kurt.

Der Optiker kam aus dem Hinterzimmer zurück und gab mir meine Brille. Ich setzte sie auf. Erstaunt stellte ich fest, dass er einfach nur das Glas herausgenommen hatte.

»Aber jetzt kann ich ja nur noch mit einem Auge sehen!«

»Das Glas muss erst noch angefertigt werden. Sie sehen nicht besser, aber Sie sehen besser aus«, stellte er fest. »Jedenfalls nicht mehr so, als hätten sie letzte Nacht eine Schlägerei gehabt.«

Wenn er wüsste.

»Kommen Sie, wir werden kurz Ihr Auge vermessen«, sagte er.

Er notierte die Werte und versprach, das Glas bis zum nächsten Tag fertig zu haben. Ich hätte gern noch eine Weile in dem Laden gesessen und mich ausgeruht, aber das ging natürlich nicht.

Draußen tänzelten winzig kleine Schneeflocken vom Himmel. Eine Weile ging ich ziellos durch die Straßen und bemühte mich dabei, herannahenden Polizisten aus dem Weg zu gehen. In einem Café setzte ich mich in eine Ecke hinter eine Säule, die von draußen durchs Fenster nicht einsehbar war.

In den ausgehängten Zeitungen suchte ich nach Berichten über Josephine Erkens, fand aber keine. Da kam mir ein, wie ich glaubte, guter Gedanke: Ich würde Frau Terheyde anrufen. Sicher konnte sie mir in irgendeiner Art weiterhelfen, vielleicht lud sie mich ein. Ich ließ mir das Telefon zeigen und rief an.

Meine Hoffnungen zerstoben im Nu. Frau Terheyde war sehr kurz angebunden. Nein, sie habe keine neuen Erkenntnisse, sie sei im Moment mit dem Fall nicht mehr sehr eng befasst und das hätte vor allem damit zu tun, dass Frau Erkens sich entschlossen hätte, mit der kommunistischen Presse zu paktieren. »Eine ganz falsche Entscheidung, die ihr nur neue Schwierigkeiten einbringen wird. Mir jedenfalls ist es ganz unmöglich, mich weiter für sie einzusetzen, denn das würde die Position meines Mannes in der Politik in Mitleidenschaft ziehen. Es ist mir völlig unverständlich, wie sie sich in die Hände dieser Leute begeben kann ... Ich glaube auch nicht, dass das Blatt sich noch einmal wenden wird. Das Disziplinarverfahren wird seinen Lauf nehmen. Meine Einflussmöglichkeiten sind erschöpft. Ich muss zugeben, mir fehlt auch der Wille. Sie ist noch im Hospital, man hat sie praktisch unter Quarantäne gestellt, aus Angst, sie könnte den falschen Kräften in die Hände spielen. Sehen Sie, es ist politisch einfach zu kompliziert, und nun stehen schon wieder neue Wahlen an, die Stimmung ist aufgeheizt. Sie können sich glücklich schätzen, nicht direkt betroffen zu sein. Falls Sie dennoch weiter in dieser Sache tätig sein wollen, wünsche ich Ihnen alles Gute bei Ihren Nachforschungen, nur ob Sie überhaupt an sie herankommen ... Hüten Sie sich, passen Sie auf sich auf, Sie sind noch so jung ... Leben Sie wohl.«

Sie hatte mich kaum zu Wort kommen lassen, offenbar in

der Furcht, ich könnte sie überreden, mich doch noch einmal zu empfangen.

Wenn die ehemalige Chefin der WKP unter polizeilicher Aufsicht stand, war es für mich nicht ratsam, sie aufzusuchen. Ich setzte mich wieder an den Tisch und bestellte einen Kaffee.

Es gab nur noch eine Person, der ich mich anvertrauen konnte: Klara.

Ich stand auf und ging zur Toilette. Als ich zurückkam, war mir kalt. Ich zog den Mantel über und setzte mich wieder. In der Manteltasche fand ich das kleine Buch mit dem verzierten Umschlag. Es war zwar wieder trocken, aber wellig und aufgequollen. Ich schlug es auf. Die Buchstaben verschwammen vor meinen Augen.

Ich muss wohl ein eigenartiges Bild abgegeben haben. Eine junge Frau in schmutzigem Tweedkostüm und fleckigem Mantel, fröstelnd, mit einer Brille, die nur ein Glas hatte, in ein kleines Buch mit Gedichten starrend. Aber niemand nahm Notiz von mir. Gäste kamen und gingen. Ich saß in meiner Nische und wurde nicht einmal von den adretten Servierdamen schief angesehen.

Irgendwann meldete sich die innere Stimme wieder, die Kommandostimme:»Reiß dich zusammen, such dir ein Zimmer, schlaf dich aus, dann mach weiter, na los doch!« Sie brauchte eine Weile, bis sie mich in Bewegung setzte.

Ich fand eine Unterkunft in einer kleinen Seitenstraße. Hier konnte man die Zimmer auch stundenweise mieten. Eine strenge Frau in Kittel und mit Pantoffeln kassierte recht viel Geld, gab mir den Schlüssel und fragte mit sehr lauter Stimme:»Kommt noch wer?«

Ich schüttelte den Kopf:»Bin allein.«

»Falls das nicht so bleibt, vorher Bescheid sagen. Grundsätzlich gilt: Vorkasse. Wer sich nicht dran hält, fliegt raus. Getränke kommen aus dem Lokal nebenan und werden bei mir bezahlt. Und mit Luden red ich nicht.«

»Ich bleibe bestimmt allein. Ich will nur schlafen.«

»Ja, ja.« Sie musterte mich ungnädig. »Und morgen ist dann auf einmal alles anders.«

Ein enges Zimmer mit einem Bett, das aussah, als sei es schon mal auseinandergefallen und wieder zusammengenagelt worden. Grobes, kratziges Bettzeug, zerschlissen, aber sauber. Ich legte meinen Koffer auf den wackeligen Tisch. Inzwischen kam er mir wie ein treuer Begleiter vor, der einzige, der trotz allem zu mir hielt.

Ich kroch ins Bett und döste vor mich hin. Eine Weile dachte ich mit geschlossenen Augen nach, dann setzte ich mich an den Tisch und schrieb einen Brief an den Polizeisenator. Wie sollte ich sonst mit ihm Kontakt aufnehmen? Ein Gang ins Stadthaus war zu riskant. Wer weiß, wem ich dort begegnet wäre und mit welchen Folgen. Ich schilderte, was mir seit meiner Ankunft in Hamburg zugestoßen war, äußerte den Verdacht, dass es eine Gruppe in der Polizeibehörde gab, die eine Intrige gegen die Abteilung der Weiblichen Kriminalpolizei geplant hatte und dass die Toten von Pellworm ein Opfer dieser Machenschaften waren. Ich gab zu, dass vieles von dem, was ich ausführte, auf Vermutungen basierte, listete aber zum Schluss noch einmal alle Indizien auf, von Dr. Schlanbuschs ablehnender Haltung über die Ungereimtheiten des angeblichen Doppelselbstmords bis hin zu dem Motorboot mit den Männern in Ledermänteln und der Bedrohung meiner Person durch Ernst Pitzek (aus irgendeinem Grund, vielleicht aus Mitleid, verzichtete ich darauf, Berta allzu sehr zu belasten).

Als ich den Brief an Senator Schönfelder beendet hatte, war es draußen bereits dunkel geworden. Ich fertigte eine Abschrift an, steckte das Original in einen Briefumschlag und adressierte ihn an die Polizeibehörde im Stadthaus. Dann ging ich los, suchte ein Postamt und warf ihn ein.

Als ich an der Alten im Kittel vorbeiging, die wie eine magere Truthenne hinter der Rezeption hockte, nickte sie wissend. Dass ich kurz darauf schon wieder zurück war, allein, schien sie zu verwundern.

Draußen war mir unwohl gewesen. Ich wollte lieber in meiner Unterkunft bleiben.

»Ich möchte gern auf meinem Zimmer etwas essen.«

»Kalte und warme Speisen kommen aus der Gaststätte nebenan und werden bei mir bezahlt«, schnarrte sie.

»Ich möchte etwas Warmes, was gerade da ist.«

»Auch was zu trinken?«

»Ein Bier.«

»Vorkasse!« Sie hielt die Hand auf und nannte einen Betrag, der dreimal so hoch war, wie ich gedacht hatte.

Als ich satt war, legte ich mich wieder ins Bett und blätterte in dem Gedichtband. Nachdem ich alles zweimal durchgelesen hatte, versuchte ich, etwas Ähnliches zu schreiben, aber es gelang mir nicht.

Im Stundenhotel wurde es lebendig. Ständig stieg jemand die knarrenden Stufen herauf, schlich verstohlen durch den Flur, tapste betrunken oder trampelte kichernd aufs Zimmer. Die Türen quietschten, die Bettfedern auch. Gelegentlich hörte man jemanden stöhnen oder einen Schrei. Wenn sie fertig waren und zusammen gingen, trippelten die Frauen voran. Oder die Männer gingen ganz leise alleine nach unten.

Mein Brief war auf den Weg gebracht. Hatte ich nicht alles getan, was ich tun konnte? Sollte ich jetzt nach London zurückkehren und meinen Bericht schreiben? Oder weitermachen? Aber wie? Würde es mir allein gelingen, die ganze Wahrheit ans Tageslicht zu bringen?

Als ich spät in der Nacht die Augen schloss, entschied ich: Es ist nicht dein Land, es ist nicht deine Stadt, es ist nicht deine Aufgabe, die Ehre von zwei Polizistinnen zu retten, die du nicht einmal gekannt hast. Du sollst dich nicht auch noch aufopfern ... du sollst dich nicht auch noch umbringen lassen ...

Ich nahm mir fest vor, am nächsten Tag am Hafen nach einer Passage zurück nach England zu fragen.

Das Abenteuer ist vorbei. Es ist schlimm genug gewesen. Gib doch zu, du hast Angst. Das ist keine Schande. Nicht unter diesen Umständen.


– 28 –


Am Morgen, ich war noch nicht fertig angezogen, klopfte es an der Tür.

Nun war mit allem zu rechnen: Belästigung durch einen Freier, polizeiliche Befragung, Verhaftung, Konfrontation mit Pitzek.

Was ich dann hörte, überraschte mich: »Jenny! Jenny, mach auf.« Eine männliche Stimme, die ich zunächst nicht einordnen konnte, weil sie sich bemühte, leise zu sprechen und gepresst klang.

»Wer ist denn da?«

»Kurt.«

Der hatte mir gerade noch gefehlt. »Lass mich in Ruhe! Geh weg!«

»Ich will dir nur was sagen. Mach auf.«

»Nein.«

»Es ist jemand bei mir gewesen. Sie haben mich nach dir … gefragt.«

Ich hörte, wie er schnaufte. Dieses Schnaufen war mir einfach zuwider.

»Was hast du ihnen gesagt?« Dieser Mistkerl, dachte ich, er hat mich bestimmt verraten.

»Nichts, ich wusste ja nicht, wo du bist.«

Und woher wusste er es jetzt? Draußen im Flur hörte man Stiefelschritte und trippelnde Frauenschuhe, albernes Lachen, dann ein herrisches Kommando: »Aus dem Weg da, Kerl!« Ein dumpfes Geräusch, als würde jemand gegen die

Tür gedrückt. Eine kurze Pause. Die Schritte entfernten sich, eine Tür ging auf und zu.

»Kurt?«

»Ja?«, meldete er sich ächzend.

»Wer war das?«

»Ein deutscher Offizier mit seinen Marketenderinnen.« Er versuchte zu lachen, brachte aber nur ein röchelndes Husten zustande.

»Jenny, ich wollte nur sagen, dass ...« Er brach ab. Schweigen.

Ich knöpfte meine Bluse zu und schloss die Tür auf. Aus Neugier vielleicht, eigentlich wollte ich ihn gar nicht sehen.

Er stand da, nach vorn gebeugt, mit zerschlagenem, geschwollenem Gesicht, hier und da war es blutverkrustet.

»Es tut mir leid«, sagte er verlegen.

»Was denn?«

»Ich war ein bisschen ... rücksichtslos. Passiert manchmal, wenn ich getrunken habe ... denk dir nichts weiter.«

»Na ja.«

»Ich wollte auch bloß sagen, dass du auf der Hut sein musst. Sie haben mich gesucht, weil sie hinter dir her sind.«

»Wer denn?«

»Ha, wer! Diese Kerle in den langen schwarzen Mänteln. Weißt du, warum die solche Mäntel aus Leder haben? Weil man da ganz einfach das Blut abwischen kann. Und sie tragen immer diese hohen Stiefel, mit denen sie unbeschadet durch noch so tiefe Pfützen gehen können. Es macht ihnen gar nichts aus, nicht mal, wenn das Blut zentimeterhoch steht! Hör zu, Jenny, sie haben mich gefunden, sie werden auch dich finden. Weißt du, auf St. Pauli kannst du dich nur verstecken, wenn du dazugehörst. Wenn nicht, ist es, wie wenn man sich hinter einen Busch duckt, der keine Blätter hat.«

»Wie hast du mich denn gefunden?«, fragte ich misstrauisch.

»Frag nach einer jungen Engländerin in Tweed, dann findest

du dich schnell. Ich hab einfach die Straßen abgeklappert. Die Kellnerin in der Kneipe unten wusste, dass du hier abgestiegen bist. Keine schlechte Tarnung, aber auf St. Pauli ...«

Offenbar hatte meine Wirtin beim Essenholen geplaudert.

»Du musst ins Krankenhaus, Kurt.«

»Ich muss ins Freudenhaus, da muss ich hin. Dort wissen sie, wie einer wie ich hochgepäppelt werden kann.« Er wandte sich ab. »Nur anschreiben lassen müssen sie mich ... aber so, wie ich aussehe ... die haben wenigstens Mitleid ...«

»Kurt, das ist doch Unsinn.«

»Nein, die haben Mitleid, die gehen sogar mit einem deutschen Offizier, der sich für einen Schäferhund hält.«

Tatsächlich war aus einem Zimmer Gebell zu hören, ein Mann, der bellte.

»Nur anschreiben lassen müssen sie mich ...«, murmelte Kurt im Weggehen. Er drehte sich ein letztes Mal zu mir um: »Tut mir leid, dass du kein Mitleid mit mir haben kannst.«

Nun kam ich mir tatsächlich schäbig vor.

»Geh doch zu Klara«, rief ich ihm hinterher.

Er wehrte ab und schlich davon.

Man hatte ihn meinetwegen verprügelt, er hatte nach mir gesucht, um mich zu warnen, und ich hatte ihn nicht einmal ins Zimmer gelassen. Sollte ich nicht hinterherlaufen, ihn zurückholen? Irgendetwas in mir wehrte sich dagegen.

Und was jetzt, fragte ich mich. War ich gefangen? Durfte ich nicht mehr nach draußen? Aber sie würden mich finden, wenn ich hierblieb. Kurt hatte es mir bewiesen. Ich trat ans Fenster und schob die Gardinen beiseite. Ab und zu gingen unten auf der Straße Männer in Lederjacken vorbei. Sie sahen ganz harmlos aus. Lange Ledermäntel waren keine zu sehen.

Was soll's, entschied ich, wenn du hierbleibst, hockst du freiwillig in der Falle und wartest, dass sie kommen. Draußen kannst du vielleicht noch weglaufen. Und wenn Kurt Recht hat, finden sie dich so oder so. Eine Schiffspassage ergatterst du schon gar nicht, wenn du hier vor dich hingrübelst.

Außerdem siehst du nur die Hälfte, wenn du auf die Straße starrst, um nach deinen Verfolgern Ausschau zu halten, denn deine Brille ist ja kaputt. Also auf zum Optiker. Es ist ja nicht weit. Geh immer dicht an den Häusern entlang und schau um jede Ecke, bevor du abbiegst.

Erst auf der Straße wurde mir wieder bewusst, dass ich vorsichtshalber auch den Polizisten aus dem Weg gehen musste.

Ein dünner Schneeregen blieb als glitschiger Schmier auf dem Pflaster liegen und klebte an den Ledersohlen meiner Stiefel fest. Die Menschen trugen Regenschirme, dadurch waren ihre Gesichter schwer zu erkennen.

Das Geschäft des Optikers erreichte ich ohne Schwierigkeiten, aber der kleine Mann enttäuschte mich.

»Das Glas ist leider noch nicht fertig, Sie müssen sich bis morgen gedulden.«

»Aber Sie sagten doch ...«

»Es kam etwas dazwischen. Morgen sind wir soweit. Wenn Sie mir Ihre Brille dalassen und die Kosten schon vorab begleichen, ist morgen früh alles zu Ihrer Zufriedenheit erledigt.«

»Ich lasse Ihnen die Brille da, zahle die Hälfte an und heute Abend ist sie fertig. Außerdem leihen Sie mir bis dahin einen Regenschirm.«

Der schmächtige Mann stieß den Rauch aus wie eine Lokomotive. »Geben Sie mir das Geld und die Brille. Den Regenschirm da im Ständer hat jemand vergessen. Sie können ihn haben.«

Ich legte ihm Geld und Brille auf den Tresen. Er griff hastig danach und sagte knapp: »Bis heute Abend dann.«

Nun hatte ich zwar einen Schirm, sah aber ganz ohne Brille noch weniger als zuvor. Trotzdem ging ich das Wagnis ein, mit der Trambahn hinunter zum Hafen zu fahren. Matschige Schneeflocken zerschmolzen zu Wassertropfen, die zitternd am Fenster hingen oder in schrägen Linien herabliefen. Dahinter schoben sich die verwaschenen Fassaden der Häuser vorbei. Im Waggon sah ich nur unscharfe Gesichter. Ob jemand einen Ledermantel oder einen aus Stoff trug, konnte ich kaum noch ausmachen. Wenn es jetzt passiert, sagte ich mir fatalistisch, dann ist es eben so.

Im Büro der Reederei teilte man mir mit, dass ich frühestens in drei Tagen einen Platz auf einem Schiff nach England bekommen könnte. Die Angestellte verlangte meinen Reisepass, um die Sache bearbeiten zu können. Ich konnte nur unscharf erkennen, was sie tat, sah aber, dass sie, meinen Ausweis in der Hand, schnurstracks zum Telefon ging. Es kam mir so vor, als würde sie während des Telefonierens abwechselnd zu mir und zur Tür blicken. Draußen herrschte reger Verkehr. Hafenarbeiter, deren Schicht gerade zu Ende war, fuhren auf Fahrrädern nach Hause.

Vor der Tür tauchten die Umrisse eines Mannes in einem langen Mantel auf. War er nicht genauso stämmig gebaut wie Pitzek?

Ich schaute mich nach der Angestellten um. Sie telefonierte immer noch und hielt den aufgeschlagenen Reisepass in ihrer Hand. Ab und zu warf sie einen Blick darauf. Las sie daraus vor? Beschrieb sie mein Aussehen?

Der Mann war zur Seite getreten. Hatte er Posten bezogen?

Ich atmete tief ein. Mit klopfendem Herzen ging ich auf die Telefonierende zu. Als ich näher kam, wurde ihr erstaunter Gesichtsausdruck erkennbar.

Ich riss ihr den Pass aus der Hand, drehte mich um, ging gemessenen Schrittes zur Tür, schob sie auf und eilte so schnell ich konnte über das nasse Pflaster hinweg, zwischen Passanten, radelnden Arbeitern und hupenden Autos hindurch auf die andere Straßenseite, wo sich gerade eine Trambahn mit lautem Geklingel in Bewegung setzte. Die Oberleitung blitzte, als ich auf die Plattform sprang.

Der Waggon ruckte nach vorn und ich taumelte einem älteren Herrn gegen die Brust.

»Na, Fräulein, nun werfen Sie sich mal nicht dem Erstbesten an den Hals, das ist nämlich mein Mann«, sagte eine Dame.

Ich entschuldigte mich und starrte mit zusammengekniffenen Augen zurück zur Haltestelle. Kam uns da einer hinterhergerannt? Ich konnte niemanden erkennen.

Ich drehte mich um und versuchte, das Innere des Waggons zu fixieren. Es sah wohl eigenartig aus, wie ich linkisch dastand und das Gleichgewicht zu halten versuchte. Neben mir kicherte jemand.

Die Bahn fuhr zügig den Berg hinauf und bog dann ruckelnd in eine enge Straße. Als der Schaffner vor mir stand, hielt ich ihm meinen noch immer aufgeklappten Pass hin.

»Nehmen Sie mal eine Fahrkarte, Fräulein«, sagte der Schaffner. »Bücher lese ich nur zu Hause.«

Verhaltenes Lachen um mich herum.

Es war nicht schlimm, dass man mich auslachte. Es war auch nicht schlimm, dass ich halb blind war. Schlimm war, dass ich so eine lächerliche Angst hatte.

Mit zitternder Hand kaufte ich eine Fahrkarte nach Altona. Dann setzte ich mich erschöpft auf eine Bank.

– 29 –

Im Schneeregen ging ich zu Fuß von Altona nach St. Pauli zurück. Die Pensionswirtin reichte mir mit verkniffenem Gesicht den Schlüssel und sagte: »Die Tür ist schon offen. Da wartet ein Mann auf Sie in Ihrem Zimmer.«

»Ein Mann? Wie sieht er denn aus?«

»So wie ein Mann eben aussieht, der eine Frau in einem Stundenhotel aufsucht.«

»Aber …«

»Einer von denen, die das Geld schon abgezählt in der Tasche halten.«

»Ich erwarte niemanden«, sagte ich unschlüssig. Durch den Spaziergang hatte meine Angst sich gelegt, aber natürlich wollte ich meinen Widersachern nicht in die Arme laufen.

»Dann solltest du deine Adresse nicht leichtfertig weitergeben, Mädchen«, sagte sie ungeduldig.

»Können Sie ihn beschreiben?«

»Wie ein Beamter sieht er aus, ordentlicher Anzug, Mantel, Hut. Komisches Gesicht, als hätte er mal die Pocken gehabt.«

»Dr. Blecke«, stellte ich fest. Nicht gerade erleichtert, aber was konnte der mir schon tun, wenn er allein war?

»Ärzte sind auch nur Menschen«, sagte die Wirtin achselzuckend. »Immerhin macht er einen besseren Eindruck als die anderen beiden, die nach Ihnen gefragt haben.«

Ich hatte mich schon abgewandt und wirbelte wieder herum: »Wer denn noch?«

»Leute, die ich hier nicht haben will. Kerle in Ledermänteln. Ich sag sonst nichts dazu.«

»Und die sind wieder weg?«

»Ja, aber vorhin hab ich einen von ihnen draußen auf der Straße stehen sehen.«

Erst in dem Moment, als ich die Türklinke zu meinem Zimmer schon heruntergedrückt hatte, kam mir der Gedanke, beide Parteien könnten zusammengehören.

Dr. Blecke sprang vom Stuhl auf und strich sich eine ölige Strähne aus dem Sandsteingesicht. Er lächelte nicht, er hielt mir nicht die Hand zur Begrüßung hin. Er sagte eilig: »Guten Tag, ich bringe Ihnen eine Nachricht von Senator Schönfelder.«

Mit dem Hut in der einen, dem Schirm in der anderen Hand, sah er eigentlich nicht aus wie ein Mann, der eine Frau in einem Stundenhotel aufsucht. In seinem zugeknöpften Mantel wirkte er eher wie ein Pfarrer, der es auf sich genommen hat, ins Fegefeuer hinabzusteigen, um eine Botschaft zu überbringen.

»Er hat meinen Brief also bekommen?«

»Ja.«

»Ich möchte ihn sprechen.«

»Das geht nicht. Senator Schönfelder hat viel zu tun.«

»Der Fall Erkens scheint ihn nicht besonders zu interessieren.«

»Die Sache ist ihm längst aus den Händen genommen. Es gibt ein Verfahren vor der Disziplinarkammer, da hat er nicht hineinzureden, sondern wird nur Auskunft geben, wenn er vorgeladen wird.«

»Die Kammer sollte mich vorladen.«

Dr. Bleckes Gesicht wurde bröselig, als er abfällig lächelte.

»Liebes Fräulein Stevenson, Sie haben doch in der Sache überhaupt nichts beizutragen.«

»Glauben Sie? Ich bin auf Pellworm gewesen! Aus Ihrer Behörde hat sich offenbar niemand die Mühe gemacht.«

»So, meinen Sie? Und was haben Sie dort erreicht?«

»Unter anderem habe ich die Gräber der beiden Frauen besucht, die dort beerdigt wurden, obwohl sie aus Hamburg stammen. Anonym verscharrt auf dem Friedhof der Strandleichen, obwohl ihre Namen bekannt und die Todesumstände nicht eindeutig geklärt waren.«

»Hören Sie, das hält uns nur auf. Die Angelegenheit ist längst erledigt.«

»Sie sagten doch selbst gerade, dass ein Verfahren vor der Disziplinarkammer läuft – wegen dieser Sache.«

»Aber nein, da geht es lediglich um dienstliche Verfehlungen von Frau Erkens, doch nicht um die Selbstmorde.«

»Das hängt aber zusammen!«

»Mit Sicherheit nicht.«

»Warum werde ich dann verfolgt?«

»Ich verfolge Sie nicht, ich bin gekommen, um Ihnen einen

Rat zu geben, im Auftrag des Polizeisenators. Er legt Ihnen nahe, nach England zurückzufahren. Es ist besser für Sie.«

»Gehören die Männer in den schwarzen Ledermänteln zu Ihnen?«

»Welche Männer denn, wovon reden Sie?«

»Es sind vielleicht die gleichen Männer, die Therese Dopfer und Maria Fischer auf dem Gewissen haben. Nein, das ist falsch ausgedrückt. Schuldig sind Sie und Ihr Polizeipräsident, Herr Campe, der sich aus allem vornehm heraushält, und Ihr Senator! Vor allem aber Ihr feiner Dr. Schlanbusch!«

»Was wollen Sie damit sagen?«

»Die Frage ist nur noch, wer diese Kerle geschickt hat.«

»Sie sind verrückt, das ist ja völlig abwegig.«

»Seien Sie wenigstens ehrlich, Herr Dr. Blecke: Gehören diese Männer zu Ihnen?«

»Ich weiß überhaupt nicht, wovon Sie sprechen.«

»Sie haben mich doch verstanden! Männer in schwarzen Ledermänteln!«, schrie ich ihn an.

»Nein, zum Donnerwetter!«, brüllte er zurück.

»Dann sind es Schlanbuschs Leute.«

»Sie sind ja völlig verblendet! Herr Dr. Schlanbusch ist ein loyaler Beamter. Er hat nichts mit diesem Gesindel zu tun.«

»Nein? Was ist denn dann mit Ernst Pitzek und Berta Winter?«

Er schaute mich verdutzt an. »Was soll mit denen sein?«

»Die gehören auch zu diesem Gesindel!«

»Das ist doch verrückt, was Sie da sagen!«

»Verrückt? Ja? Und wer hat mich ins Watt gehetzt und mich fast umgebracht? Wer hat dafür gesorgt, dass ich auf Schritt und Tritt beobachtet werde und Leute, die mich kennen, zusammengeschlagen werden?«

»Doch nicht wir von der Polizeibehörde«, sagte Blecke erstaunt. »Was soll das überhaupt, was ist denn passiert?«

Ich versuchte, es ihm zu erklären, aber entweder wollte er es nicht verstehen oder er verstand es wirklich nicht.

»Sie sind da in eine ganz andere Sache reingeraten, Fräulein Stevenson. Ich kann mir nur vorstellen, dass Ihre Verbindungen zu kommunistischen Kreisen etwas damit zu tun haben. Aber nicht der Fall Erkens und die Sache mit Pellworm. Nein wirklich ...«

»Ich habe keine Verbindungen zu kommunistischen Kreisen.«

»Sie sind mit Klara Schindler bekannt, Sie gehen in der Redaktion der *Volkszeitung* ein und aus. Womöglich sind Sie sogar selbst Kommunistin.«

»Das ist doch gar nicht wahr. Wie kommen Sie denn darauf?«

Er zuckte mit den Schultern. In seinem Mantel sah er aus wie ein Vogel, der nicht so genau weiß, ob er weiterpicken oder fortfliegen soll. Ich fand, dass er ein großartiger Schauspieler war, und ärgerte mich, dass es mir nicht gelang, ihn zu zwingen, endlich Farbe zu bekennen.

»Sie haben mich also die ganze Zeit beschatten lassen.«

»Aber nein, es gab nur ... Schilderungen. Man hat es erwähnt.«

»Wer hat was erwähnt?«

»Ja, wie schon gesagt, Ihre Kontakte ...«

»Also Berta Winter?«

Er wand sich wie ein Aal. »Es sind keine Berichte, die eine Unterschrift tragen ... Hören Sie, wir haben Ihnen keine Steine in den Weg gelegt, wenn Sie trotzdem über den einen oder anderen gestolpert sein sollten, dann tut es mir leid.«

»Ich wäre fast ertrunken! Wenn Sie das stolpern nennen.«

»Es liegt nicht in meiner Verantwortung, wenn Ihr Verhalten zur Folge hat, dass Sie das Unglück anziehen, Fräulein Stevenson!«

Ich musste nach Luft schnappen, weil es einfach ungeheuerlich war, wie er sich herauszureden versuchte. Ich deutete zum Fenster: »Da draußen warten zwei von diesen Kerlen auf mich. Warum wohl? Was wollen die?«

»Falls Sie sich bedroht fühlen, biete ich Ihnen an, mich zu begleiten. Nachfolgend können wir dann zusehen, dass Sie einen Platz auf einem der nächsten Schiffe nach England bekommen.«

»Sie wollen mich schützen? Wie wollen Sie das tun?«

Dr. Blecke ging zum Fenster und schob die Gardinen zur Seite. »Aber da ist doch niemand.«

»In meiner Ausbildung habe ich gelernt, jemanden zu beschatten, ohne bemerkt zu werden.«

»Das sind bestimmt keine Polizisten.«

»Ernst Pitzek ist Polizist.«

Er schüttelte den Kopf: »Das ist doch müßig. Hören Sie: Entweder Sie kommen jetzt gleich mit mir mit, oder wir holen Sie später. Aber bleiben können Sie nicht. Wenn Sie sich weigern, müssen wir ein Telegramm an Ihre Organisation schicken und an Ihre Behörde und melden, dass Sie die Gastfreundschaft der Hamburger Polizeibehörde missbraucht haben. Entscheiden Sie sich!«

»Und was ist, wenn Sie die Männer da unten postiert haben, Herr Dr. Blecke?«

»Sie sind also nicht bereit mitzukommen?«

»Nein.«

Er zog die Schultern hoch und sah jetzt noch mehr wie ein Vogel aus, wie ein Vogel, der nichts mehr zu picken findet.

»Leben Sie wohl!«

Damit ging er.

Ich öffnete das Fenster und lehnte mich hinaus, um nach unten schauen zu können. Dr. Blecke trat aus dem Haus, wandte sich nach rechts und verschwand um die nächste Straßenecke. Sonst war niemand zu sehen.

Nun saß ich in der Falle. Wenn ich das Haus verließ, würde ich ihnen in die Arme laufen. Blieb ich hier, würden sie irgendwann kommen und mich mitnehmen. Hätte ich mit Dr. Blecke gehen sollen? Nein, mir war klar, dass es nur eine einzige Möglichkeit für mich gab. Es war ganz einfach, die

Rettung war nicht weit entfernt. Ich musste nur zum Telefon gehen und eine ganz bestimmte Nummer wählen. Eine Nummer, die ich mir notiert hatte.

Ich redete mir zu, ich setzte mich aufs Bett und rang mit mir, ich stand auf und lief im Zimmer herum. Wie lächerlich, sagte ich mir, dass du dich so zieren kannst, wo du dich doch in Gefahr befindest.

Immer wieder trat ich ans Fenster und schaute nach unten. Es waren nur Regenschirme zu sehen, die vorbeigetragen wurden. Aber dann sah ich ihn. Den Mann im Ledermantel. Er trat aus einem Hauseingang und blickte auf die Armbanduhr. Es dämmerte bereits. Ein Auto fuhr vor, die Tür ging auf und ein zweiter Mann stieg aus. Der gleiche Mantel. Das Auto fuhr davon. Die beiden schauten zu mir hoch. Ich ließ die Gardine los und trat einen Schritt zurück.

Entweder du rufst jetzt an oder du bleibst hier stehen wie ein verschrecktes Kaninchen und wartest, bis sie hochkommen und kurzen Prozess mit dir machen!

»Telefon gibt es unten in der Kneipe«, sagte meine Zimmerwirtin abweisend.

Ich musste sehr auf sie einreden, damit sie mich an ihren Apparat ließ. Meine Verzweiflung war nicht gespielt, vielleicht merkte sie es. »Aber nur ein einziges Gespräch! Und fassen Sie sich kurz!«

Ich rief in der Redaktion an, wurde zweimal weiter vermittelt und hörte die rauchige Stimme von Klara: »Was gibt's?«

»Hier ist Jenny, ich brauche deine Hilfe.«

Ich hörte, wie sie den Rauch ihrer Zigarette ausstieß. »Warum?«

»Männer in schwarzen Ledermänteln lauern vor meiner Pension auf mich.«

»Wo?«

»St. Pauli.« Ich nannte die Adresse.

»Pack deinen Koffer. Ich komm dich holen.«

»Aber sei vorsichtig, bitte.«

Wieder hörte ich, wie sie den Rauch ausstieß. »Fass dir mal an die eigene Nase, Herzchen! Bis gleich.«

Sie legte auf.

Ich ging in mein Zimmer zurück.

Angezogen, mit Mantel und Hut, den Koffer direkt neben mir, saß ich auf dem Stuhl und wartete auf meine Rettung.

– 30 –

Klara kam nicht allein. Ein kleiner, stämmiger Mann mit Schnauzbart und Schirmmütze und ein großer junger Kerl im Jumper und mit einer Wollmütze auf dem Kopf standen neben ihr, als ich die Zimmertür öffnete, beide mit geballten Fäusten in Lederhandschuhen.

»Da wären wir also«, sagte sie. Ich wäre ihr beinahe um den Hals gefallen, wenn die grimmig dreinblickenden Männer nicht gewesen wären und sie nicht so sachlich getan hätte. »Das sind Hannes und Oskar, zwei Nachbarn von mir.«

Die beiden schauten mich kaum an, sie behielten den Flur im Auge.

Sie trat ins Zimmer. Die Männer blieben draußen. »Deinen Koffer gibst du mir. Ist besser, wenn die beiden die Hände frei haben.« Sie starrte mich forschend an: »Wo ist deine Brille?«

»Kaputt. Wird repariert.«

»Na gut. Wir haben draußen niemanden gesehen. Wie viele sind es denn?«

»Ich weiß nicht, vielleicht zwei.«

»Wenn irgendwas passiert, läufst du los. Achte nicht auf mich. Ich bleibe bei dir. Wenn du mich verlierst – du weißt, wo ich wohne, wir treffen uns da.«

»Ja.«

Wir verließen das Zimmer. Klara zündete sich im Gehen eine Zigarette an. Der Kleinere, Hannes, ging voran, Oskar, der Jüngere, kam als Letzter. Meine Zimmerwirtin stand mit hochgezogenen Schultern neben der Tür und beäugte uns misstrauisch.

»Keine Angst, Muttchen«, sagte der Stämmige. »Wir helfen dem Mädchen nur beim Umzug.«

Und Klara fragte: »Schuldet sie dir noch Geld?«

»Nein.«

»Auf Wiedersehen«, sagte ich. »Ich bitte um Entschuldigung für die Unbequemlichkeit.«

Im Treppenhaus flüsterte Klara mir zu: »Wir gehen durch den Keller.«

Im Erdgeschoss deutete sie zur Kellertür, um mir den Weg zu weisen, als ein Mann im Ledermantel aus einer dunklen Ecke uns in den Weg trat, die Hände in den Taschen. Er hatte nicht lange Gelegenheit, erstaunt und überrascht dreinzublicken. Ich weiß nicht, wo er sie verborgen hatte, aber Hannes hob blitzschnell eine kurze Eisenstange und zog dem Mann damit eins über. Seine Ledermütze rutschte herab und entblößte einen kahlen Schädel, er brach röchelnd zusammen.

»Faschistenschwein!«, zischte Hannes.

Oskar lachte leise: »Wir bitten um Entschuldigung für die Unbequemlichkeit.«

Klara zerrte mich zur Kellertür und zog sie auf. Oskar ging voran. Eine Glühlampe flammte auf. Durch einen größeren Raum gelangten wir zur Hintertür, von dort in einen Hof und dann durch eine Toreinfahrt zur Straße, wo ein kleiner Lastwagen mit laufendem Motor wartete. Klara schob mich neben den Fahrer, stellte den Koffer ab und setzte sich neben mich. Die beiden anderen sprangen auf die Ladefläche. Wir fuhren los.

Klara steckte sich erneut eine Zigarette in den Mund und bot dem Fahrer auch eine an.

In einer Kurve rutschte der Koffer nach rechts und prallte gegen die Tür. Klara schüttelte den Kopf: »Du und dein Koffer«, sagte sie.

Wir verließen St. Pauli und erreichten die Gegend mit den engen Gassen und Gängen. Der Lastwagen ruckelte langsam durch eine gepflasterte Straße und hielt dann dort an, wo ich schon einmal gewesen war, als ich Klara gesucht hatte.

Wir stiegen aus. Klara bedankte sich beim Fahrer, der nur nickte und davonfuhr. Es war merkwürdig, aber hier in dieser armseligen Ecke der Stadt, in einer dunklen Gasse, unter den Transparenten mit den Kampfparolen, die zwischen den Häusern hingen, unter den Fahnen mit Stern, Hammer und Sichel, fühlte ich mich auf einmal sicher. Ich stand unter dem Schutz der Kommunisten, ausgerechnet ich.

Durch den mir schon bekannten Durchgang ging es zu einem niedrigen Haus.

»Sag Bescheid, wenn du uns brauchst«, sagte Hannes zu Klara.

Der Jüngere wandte sich an mich: »Wir bitten um Entschuldigung für die Unbequemlichkeit.«

»Hör auf mit diesen Albernheiten, Oskar«, sagte Klara.

»Vielen Dank, jedenfalls«, sagte ich.

Die Männer verschwanden im Vorderhaus und Klara führte mich in ihre kleine, niedrige Wohnung, die nur aus einer engen Küche und einem weiteren Raum bestand, in dem sie wohnte, schlief und arbeitete. Es herrschte ein abenteuerliches Durcheinander. Kalt war es auch. Wir behielten unsere Mäntel an. Auf dem Bett lagen Bücher, auf einem Tisch Zeitungen, Zeitschriften, Papiere, Notizzettel, beschriebene Blätter, Zeitungsausschnitte und Schreibgeräte. An den Wänden überladene Regale und Kampfplakate der Kommunistischen Partei. Über dem Schreibtisch bemerkte ich das gerahmte Bild einer alten Frau mit offenem weißen Haar.

»Wer ist das?«, fragte ich.

»Meine Namensvetterin. Ein Vorbild.«

Was diese streng dreinblickende Frau mit Klara gemein hatte, blieb mir verborgen, aber ich wollte nicht weiter nachfragen.

Klara tat sehr geschäftig, ordnete Papiere, Bücher und Zeitungen, trug sie stapelweise hierhin und dorthin, räumte einen Stuhl frei, stellte fest, dass jetzt ein anderer nicht mehr benutzbar war und sagte resigniert: »Ach, dann setz dich doch einfach aufs Bett.«

Das tat ich und sah ihr weiter zu, wie sie hin und her huschte und sich vergeblich bemühte, Ordnung zu schaffen.

Sie fluchte vor sich hin und schimpfte: »Das ist ja alles hoffnungslos. Wir gehen in die Küche.«

Dort wies sie mir einen Stuhl zu und legte fest: »Wir trinken jetzt einen Tee.«

Sie kochte ihn schweigend, schenkte ein, schob mir die Tasse hin und fragte schließlich: »Wie war's auf Pellworm?«

Ich berichtete, was ich über die Todesumstände herausgefunden hatte, gleichzeitig musste ich daran denken, was mir sonst noch alles durch den Kopf gegangen war. Es machte mich verlegen. Ich beschrieb, wo Therese Dopfer und Maria Fischer auf der Insel abgestiegen waren, wie sie sich am Morgen nach ihrer letzten Nacht auf den Weg gemacht hatten, vom Sturm, von ihrem Fund, von den Gräbern in der »Heimat der Heimatlosen«. Von dem kleinen Gedichtband, den ich noch immer bei mir trug, erwähnte ich nichts, aber natürlich schilderte ich meine Begegnung mit Berta Winter und Ernst Pitzek und was ich über die beiden sonst noch herausgefunden hatte – und zuletzt berichtete ich von dem Fischer, der das Boot mit den Männern in den Ledermänteln beobachtet hatte.

Als ich fertig war, dachte Klara eine Weile nach, rauchte und nippte an ihrem Tee.

Ich wusste nicht, was ich sonst noch sagen sollte und schwieg schüchtern.

Klara zog ein paar Mal an ihrer Zigarette und erklärte dann:

»Das alles passt ziemlich gut zu dem, was ich herausgefunden habe.«

»Du hast weitergemacht?«

»Ich hab mir die Zeitungen vom letzten Jahr vorgenommen. Alles, was ich kriegen konnte. Die Berichterstattung über den Doppelselbstmord war umfangreicher, als ich dachte. Nicht nur die Hamburger Zeitungen haben darüber berichtet, auch Blätter in Berlin, Köln, München, Frankfurt. Und es ist wirklich erstaunlich, was für einen Unsinn die alle geschrieben haben.«

»Na ja, die Zeitungen in den anderen Städten hatten natürlich keine Informationen aus erster Hand.«

»Wenn es so wäre! Aber der größte Unsinn stand in den Hamburger Blättern.«

»Was denn für einen Unsinn?«

»Widersprüchliches, Unwahres, geradezu fantastische Lügengespinste. Es fängt an mit dem Datum des Leichenfunds, das täglich korrigiert wurde.«

»Das kann an den Umständen vor Ort gelegen haben, es herrschte Sturm, vieles war verwüstet, die Lage unübersichtlich.«

»Sie wurden ja wohl zu einem ganz bestimmten Zeitpunkt gefunden.«

»Natürlich.«

»Warum ergehen sich dann die Presseleute in Spekulationen darüber? Wenn sie nichts wissen, dürfen sie nichts schreiben. Warum schreiben sie ständig was Falsches? Das betrifft zum Beispiel auch die Reise von der Dopfer und der Fischer von Altona nach Husum und dann weiter nach Pellworm.« Sie griff nach einem Notizblick, der auf der Fensterbank gelegen hatte. »Immerhin sind sich alle einig, dass es am Freitag, dem 3. Juli, war. Im *Hamburger Echo* steht, sie seien gegen Mittag mit dem Dampfer von Husum aus losgefahren. Im *8-Uhr-Abendblatt* heißt es, sie seien um 9 Uhr 45 übergesetzt. Aber weder um die Mittagszeit noch um 9 Uhr 45 fuhr ein Schiff von Husum nach Pellworm. Es gibt nur ein einziges Motorschiff, das die Verbindung aufrecht erhält, ich habe bei der Dampfschifffahrts-Gesellschaft angerufen. Der Fährverkehr hängt von Ebbe und Flut ab. Am 3. Juli 1931 fuhr das Motorschiff ›Pellworm‹ um 16.05 ab Husum.«

»Das habe ich auch herausgefunden.«

»Na bitte!«

»Und was ist davon zu halten?«

»Warte mal ab. Da ist ja auch noch die Sache mit dem Fundort. Auch hier wird überall etwas anderes berichtet. Aber entweder sie wurden an einer ganz bestimmten Stelle gefunden oder nicht, richtig?«

»Ja, ja.«

Sie blätterte einige Seiten ihres Notizblocks um. »Im *Fremdenblatt* steht, Badegäste hätten die beiden am Samstag, dem 4. Juli, an einer Stelle des nördlichen Strands gesehen.«

»An der Stelle, die sie meinen, ist kein Strand.«

»Ja, aber auch das *Hamburger Echo* berichtet es so und schreibt einmal, sie seien am Mittwoch, das andere Mal, sie seien am Donnerstag dort angeschwemmt worden. Der *Hamburger Anzeiger* schreibt, sie seien ins Watt gegangen ›und haben sich von der Flut hinwegraffen lassen‹ ... das klingt sehr schön poetisch, ist aber auch falsch, wenn das stimmt, was du herausgefunden hast. Im *8-Uhr-Abendblatt* wiederum heißt es, sie seien am Dienstag durch die Flut abseits gespült worden.«

»Es war der Sturm!«

»Ja, das wissen wir jetzt. Darum geht es mir nicht. Ich frage mich, woher all diese falschen Informationen kommen, die verbreitet wurden. In den *Altonaer Nachrichten* heißt es, sie hätten behauptet, sie wollten zur Hallig Hooge wandern, in Wahrheit hätten sie den Freitod in den Wellen gesucht. Erst am 15. Juli hieß es im *Fremdenblatt*, sie seien am Fuß des Deiches auf dem Vorland gefunden worden.«

»Das ist ja auch richtig.«

»Gut. Aber wieso schreiben sie das erst so spät? Weil erst dann ein Reporter vor Ort war!«

»Da waren die Toten längst beerdigt.«

»Sicher, aber wie kann es sein, dass die *Münchener Neuesten Nachrichten* schon vier Tage vorher schreiben, zwei weibliche Leichen seien auf der Norder Hallig bei der Insel Pellworm geborgen worden?«

»Das stimmt sogar.«

»Ja, wenn man mal davon absieht, dass es wörtlich heißt ›aus der Norder Hallig bei der Insel Pellborn‹. Da hat offenbar jemand am Telefon nicht alles richtig verstanden und als Süddeutscher keine Ortskenntnis gehabt. Aber wieso haben die anderen nicht telefoniert?«

»Der Sturm ...«

»Entweder die Leitung war intakt oder nicht.«

»Gut. Also was meinst du?«

»Ich sag dir warum, es passt nämlich sehr gut auch zu den Fehlinformationen über die Todesursache. Du erinnerst dich: Erst heißt es ertrunken, dann zusammengebunden angeschwemmt, dann haben sie sich erschossen, dann heißt es Tod durch Vergiften, dann wird das in Zweifel gezogen und wieder von Ertrinken berichtet, dann Zyankali ins Spiel gebracht, kurz darauf erörtert, dass die genaue Todesursache sich nicht feststellen lässt. Interessant ist übrigens, dass wir zunächst den gleichen Unsinn wie die anderen berichtet haben. Warum wohl?«

»Alle haben voneinander abgeschrieben, weil es keine genauen Informationen gab.«

»Richtig. Aber dass wir das tun mussten, ist verständlich, uns verwehrt man den Zutritt zum Stadthaus. Wenn ich dort auftauche, wirft man mich kurzerhand wieder raus, egal, ob es einen Termin für die Presse gibt oder nicht. Aber die anderen, vom deutschnationalen *Anzeiger* bis zum sozialfaschistischen *Echo*, die versorgt die Polizei mit Informationen.«

»Aber warum schreibt dann jeder was anderes?«

»Weil sie mit verschiedenen Informationen gefüttert wurden, die Blutgeier der bürgerlichen Presse, deshalb.«

»Das verstehe ich nicht.«

»Zwei Seelen wohnen in der Brust des Repressionsapparats, das ist des Pudels Kern.«

»Jetzt redest du unverständliches Zeug.«

»Schon gut, pass auf: Es gibt eine Spaltung in der Polizeibehörde. Die Schönfelder-Fraktion, zu der auch Polizeipräsident Campe gehört, und die Schlanbusch-Leute. Letztere agieren noch im Schatten, besetzen nach und nach entscheidende Positionen. Der Tod der beiden Polizistinnen war ein gefundenes Fressen für sie. Jetzt hatten sie endlich einen Hebel gefunden, um die ganze verhasste Frauenpolizei abzuwürgen und die noch verhasstere Frau Erkens aus dem Amt zu jagen. Und so ist es ja auch gekommen. Kaum waren die Toten unter der Erde, wurde die Abteilung aufgelöst. So hat der feige SPD-Schönfelder den Reaktionären die Drecksarbeit abgenommen.«

»Das ist deine Theorie, aber kannst du sie beweisen?«

»Wie sonst lässt sich erklären, dass die Zeitungen unglaublich viele Details über die internen Verhältnisse bei der WKP bis hin zu den persönlichen Beziehungen kennen? Diese Informationen konnten nur aus dem Innern der Behörde stammen. Ein weiterer Beweis ist das, was dir passiert ist. Die Männer in den Ledermänteln, die verhindern wollen, dass du deine Erkenntnisse, die nicht in ihre Strategie passen, weiter verbreitest. Deine Berta und Pitzek, der Bluthund, sind der beste Beweis. Von Anfang an hatten sie dich unter Beobachtung. Und dahinter kann nur einer stecken.«

»Schlanbusch.«

»So ist es, perfekt getarnt als staatstreuer Amtsschimmel.«

»Aber wieso lässt der Polizeisenator das zu? Er muss doch merken, dass seine Behörde vom politischen Gegner unterwandert ist.«

»Vielleicht sind es ja gar nicht mehr seine politischen Gegner. Vielleicht paktieren die Sozialdemokraten ja lieber mit den Nazis, weil sie hoffen, uns auf diese Weise kleinzukriegen.«

»Na ja, über die hiesigen Verhältnisse weiß ich nicht so gut Bescheid.«

»Du hast sie am eigenen Leib gespürt, die hiesigen Verhältnisse!«, rief Klara aus.

»Da fällt mir noch etwas ein: Die Sache mit den zerschlagenen Blumenvasen. Als das passierte, waren Therese und Maria schon nicht mehr in Hamburg ...«

»... aber in der Presse wurde es so dargestellt, als seien sie es gewesen.«

»Das passt zu deiner Theorie.«

»Genau. Und deshalb wird es Zeit, dass wir uns die Person schnappen, die uns die Beweise für unsere Vermutungen liefern kann – Berta Winter. Sie ist der schwache Punkt in der Kette unserer Widersacher. Wir müssen sie zum Reden bringen!«

»Und dann?«

»Dann werden wir die geballte Pressemacht des Proletariats mobilisieren und die Sache an die Öffentlichkeit bringen! Damit werden wir den Polizeiuntersuchungsausschuss der Bürgerschaft auf Trab bringen und der Erkens in ihrem Kampf gegen die Disziplinarkammer Munition liefern.«

Ich zögerte. Du bist drauf und dran, dich dem kommunistischen Kampf anzuschließen, dachte ich. Willst du das wirklich tun? Darfst du das? Oder musst du sogar, weil es der Wahrheitsfindung dient? Wahrscheinlich ist es der einzige Weg, doch noch mit Frau Erkens ins Gespräch zu kommen, entschied ich. Ich schaute Klara von der Seite an. Sie blätterte in ihren Notizen. Und warum nicht, überlegte ich weiter, wenn es mir ermöglicht, noch eine Weile in ihrer Nähe zu bleiben.

Wenn nur nicht dieser schreckliche Kurt kommt, zu dem sie ein so merkwürdiges Verhältnis hat.

Klara hob den Kopf: »Bist du dabei?«

»Ja.«

»Und was würdest du jetzt am liebsten tun?«

»Ein Bier trinken. Aber können wir denn so einfach rausgehen?«

»Natürlich! Das ist unser Viertel, hier gibt es keine schwarzen Ledermäntel. Wir gehen nicht weit. Ich will dich nicht herumzeigen. *Das* wäre gefährlich. Ohne Brille bist du einfach viel zu hübsch.«


– 31 –


Am nächsten Morgen mahnte ich zum frühen Aufbruch, denn wir wollten Berta noch erwischen, bevor sie zum Dienst ging.

Klara jammerte, es sei viel zu früh zum Aufstehen (sie hatte sich ein Lager aus Decken auf dem Boden bereitet und mir das Bett überlassen), aber dann war sie viel schneller fertig als ich. Wir tranken jede ein Glas Wasser und gingen los.

Über Nacht war es kälter geworden. Eiskristalle glitzerten auf dem schmutzigen Pflaster. Die Transparente in den Straßen, die eine glorreiche Zukunft verhießen, hingen wie gefroren zwischen den Häusern. Vermummte Männer liefen durch die Gassen, Hände in den Manteltaschen, Schultern hochgezogen, Mützen tief im Gesicht, und wirkten wie Verschwörer, aber es war nur eine Verschwörung gegen die morgendliche Kälte.

Ich nahm alles durch den Schleier der Kurzsichtigkeit wahr. Das proletarische Hamburg, über dessen morsche Dächer von Osten her ein leichter rötlicher Schimmer fiel, war für mich in Pastell gehalten. Dazu die nebligen Schwaden des Zigarettenrauchs, der von Klara kam.

Ich stolperte über eine Bordsteinkante und sie fasste mich unter. Ich dachte an den vergangenen Abend, als Klara mich in ihre Welt eingeführt hatte, eine Welt, in der grobschlächtige Arbeiter mit rauen Stimmen redeten wie gebildete Männer, Frauen politische Strategien entwarfen und alle sich eher an politischen Parolen berauschten als am Alkohol.

»Es ist zu dumm, dass ich so wenig sehe«, sagte ich.

»Sehen allein reicht nicht, man muss erkennen«, murmelte Klara.

»Das meine ich ja.«

»So?« Sie blieb stehen. »Schau mich mal an.«

»Du bist leider verschwommen.«

Sie trat dicht vor mich hin. »Und jetzt?«

»Jetzt bist du zu nah.«

»Zu nah zum Erkennen?«

»Ja.«

»Das ist nun *wirklich* zu dumm. Also komm.« Sie zog mich weiter.

Als wir die schmale Treppe ins Dachgeschoss hinaufstiegen, dachte ich an meine Ankunft. Berta Winter hatte mir Bohnenkaffee eingeschenkt. Sie war sehr nett gewesen. Ein freundlicher Wachhund, der irgendwann zu knurren anfing und dann die Zähne fletschte, als ein zweiter, viel gemeinerer Hund an ihrer Seite auftauchte.

Wir waren oben angelangt. Ich wollte Klara zurückhalten – was, wenn er bei ihr war? –, aber sie war viel zu erpicht auf eine Konfrontation und klopfte an, bevor ich etwas sagen konnte.

Berta öffnete die Tür, sie schwankte leicht. Ihre Bewegungen waren fahrig, man merkte, dass sie vor dem Zubettgehen getrunken hatte. Falls sie überhaupt im Bett gewesen war. Vielleicht hatte sie ja die ganze Nacht lang allein in der Küche gesessen und gegrübelt.

Mitleidslos schob Klara die Tür auf und drängte sich hinein. Erst als sie schon im Flur stand, sagte sie: »Guten Morgen.« Berta ließ es ohne Widerspruch zu, mit meinen kurzsichtigen Augen nahm ich vor allem ihre Umrisse wahr. Leicht gebeugt, den Kopf zwischen die Schultern gezogen, wirkte sie auf mich wie jemand, der sich seinem unausweichlichen Schicksal fügt.

»Setzen wir uns!«, befahl Klara.

»In der Küche ... ich habe gerade Feuer gemacht ...« Bertas Stimme klang müde, vor allem traurig.

Auf dem Tisch stand noch die Ginflasche, daneben ein leeres Glas.

»Du musst bitte entschuldigen ...«, begann ich unbeholfen, nachdem ich mich Berta gegenüber an den Küchentisch gesetzt hatte.

Klara blieb gegen den Küchenschrank gelehnt stehen, es gab keine weitere Sitzgelegenheit.

»Nein, nein«, sagte Berta leise. »Ich verstehe schon ...«

»Du willst dich bei ihr entschuldigen, dabei hat sie dich beinahe in den Tod getrieben?«, sagte Klara.

Berta zog den Kopf noch mehr ein und ließ die Arme hängen. Diese unterwürfige Art machte jetzt auch mich zornig:

»Du hast mich von Anfang an hintergangen. Erst solltest du mich in die Irre führen, und als das nicht mehr ging, sollte ich aus dem Weg geräumt werden. Als dritte Strandleiche sollte ich enden!«

»Das ist nicht wahr«, flüsterte sie.

»Dein Freund Pitzek hatte schon die Pistole gezogen. Wäre ich nicht ins Watt geflüchtet, hätte er mich erschossen!«

Berta blickte verständnislos. »Eine Pistole?«

»Wie ein Tier habt ihr mich gejagt. Mit knapper Not konnte ich euch entkommen, und ihr habt sicher gehofft, dass ich ertrinke. So wäre es ja auch beinahe gewesen.«

»Das stimmt nicht, was du sagst. Wir sollten dich nur davon abhalten, Unruhe zu stiften.«

»Ha!«, lachte Klara boshaft. »Wer hier Unruhe stiftet, ist wohl klar!«

»Mich lügst du nicht mehr an, Berta«, sagte ich. »Du gehörst zu denen, die über Leichen gehen!«

Berta legte die Arme vor sich auf den Tisch. Ihre eine Hand bewegte sich auf die Schnapsflasche zu, dann schluchzte sie auf und verbarg das Gesicht in den Händen, der Kopf sank langsam auf die Tischplatte.

Ich schaute ratlos zu Klara. Sie verschränkte die Arme, unerbittlich, erbarmungslos. Und begann mit dem Verhör.

»Du und dein Freund, zu welcher Partei gehört ihr?«

Berta schwieg, das Gesicht auf die Hände gebettet.

»Also Nazis«, stellte Klara fest.

»Wir sind doch keine Nazis«, sagte Berta leise, ohne den Kopf zu heben.

»Wer ›wir‹ sagt, gehört doch irgendwo dazu«, sagte Klara.

»Dann sage ich eben nicht mehr ›wir‹.«

»Er ist doch dein Freund, der Pitzek«, warf ich ein.

»Wie kann so einer denn ein Freund sein?«, sagte Berta leise.

»Aber er geht doch hier bei dir ein und aus.«

»Na und?«

»Zwingt er dich dazu? Tut er dir Gewalt an?«

Berta schaute auf, Tränen in den Augen.

»Schlägt er dich?«

»Ach, so doch nicht.«

»Du gehst also freiwillig mit ihm«, schaltete Klara sich ein, mit schneidender Stimme.

»Freiwillig? Was heißt denn freiwillig?«

»Wenn er nicht dein Freund ist, dann eben dein Gesinnungsgenosse«, stellte Klara fest.

Berta blickte sie verständnislos an. »Was für eine Gesinnung?«

»Nazi-Gesinnung, was denn sonst!«

»Nein!«

»Ach, man ist wohl bürgerlich genug, sich deutschnational zu nennen, was?«, höhnte Klara.

»Das stimmt nicht. Mit Politik habe ich nichts zu tun.«

»Und dein Freund natürlich auch nicht. Lammfromm ist er,

und nur zufällig hat Jenny das Gefühl, dass er sie verfolgt und bedroht.«

»Nein, es ist ja so. Dr. Schlanbusch hat ihn angewiesen, auf Jenny aufzupassen.«

»Aufpassen ist ein schönes Wort dafür!«

»Aber ... jedenfalls war es seine Idee, dass ich mich um Jenny kümmern soll, wenn sie ankommt.«

»Schlanbuschs Idee?«

»Nein, die von Ernst.«

»Weil er wusste, dass er sich auf dich verlassen kann?«, fragte ich.

»Ja.«

»Na bitte, ich sag doch, ihr beide kommt aus dem gleichen Stall«, stellte Klara fest.

Bertas Lippen zitterten, Tränen liefen ihr übers Gesicht. »Nein!«, stieß sie hervor. »So nicht! Anders!«

»Anders? Wie denn?« Klara blies Zigarettenrauch in ihre Richtung.

»Er hat mich gezwungen!«, schrie Berta sie an. »So war das! Gezwungen! Was wisst ihr denn schon davon!«

»Du hast dich in einen Nazi verliebt«, sagte Klara abfällig. »Schöner Zwang.«

Wieder kroch Bertas Hand auf die Gin-Flasche zu. Und erneut hielt sie schuldbewusst inne. »Er hat mich erpresst.«

Ich zuckte mit den Schultern. Als sei sie mir gleichgültig, ihr Schicksal mir egal. Dabei war es nicht so, ich litt mit ihr. »Du erzählst uns Märchen, Berta. Es war ein Mordversuch auf Pellworm! Auch wenn er nicht auf mich geschossen hat. Ihr habt mich ins Watt gejagt, ich wäre beinahe ertrunken, wenn ein Fischer mich nicht gerettet hätte. Du warst seine Komplizin.«

Zum ersten Mal hob sie den Kopf. Auch durch den Schleier der Kurzsichtigkeit konnte ich erkennen, dass sie wachsweiß geworden war. »Nein, nein, nein ... so bin ich nicht«, hauchte sie. »Es war doch nur wegen der Blumen.«

»Wie bitte?«, fragte Klara.

»Welche Blumen?«, hakte ich nach.

»Diese dummen Blumensträuße ... Rosen, Tulpen und Narzissen, alles darf die Mutter wissen, nur das eine darf sie nicht ...«, murmelte sie vor sich hin.

Sie griff nach dem Gin, zog den Korken heraus und trank direkt aus der Flasche. Einen großen Schluck.

»Was darf sie nicht wissen?«

»Das da!«, rief sie laut und warf die Flasche mit voller Wucht gegen die Wand über dem Ofen. Das Glas splitterte, der Schnaps schwappte auf die Herdplatte und es zischte.

Ich zuckte zusammen, aber Klara blieb regungslos stehen.

»Du hast die Blumenvasen im Büro von Frau Erkens zerschlagen«, stellte sie fest.

Berta sprang auf und warf den Kopf zurück: »Na und!«, schrie sie und ballte dabei die Fäuste. »Dann hab ich sie eben zerschlagen! Kaputt gehauen, ja! Dann wisst ihr es jetzt also. Und was wollt ihr nun mit mir machen? Das gleiche wie er? Soll ich für euch lügen und verraten? Herumschleichen und bespitzeln?«

Sie sprang auf und wollte sich auf Klara stürzen. Ich trat dazwischen, hielt sie fest, schlang meine Arme um sie und wartete, bis sie sich beruhigt hatte. Dann setzte ich sie wieder sanft auf ihren Stuhl. Sie stierte vor sich hin. Ich fasste ihre Hand

»Er hat dich dabei ertappt«, stellte Klara ruhig fest.

»Ja.«

»Und er hat dich erpresst deswegen.«

»Ja.«

»Aber warum hast du die Blumenvasen zerschlagen?«

»Sie hat mich betrogen.«

»Wer? Die Erkens?«

»Ja.«

»Wieso?«

»Sie hatte mir versprochen, dass ich Thesys Nachfolgerin werde.«

»Als Leiterin der Kriminalabteilung der Frauenpolizei?«

»Ich wäre befördert worden.«

»Und dann?«

»Sollte es eine andere werden.«

»Warum?«

»Weil ich einen zu schwachen Willen habe, hat sie gesagt.«

»Und deshalb bist du in ihr Büro gegangen, mitten in der Nacht?«, fragte ich.

»Es war abends. Ich hatte Spätdienst gehabt und war noch etwas länger geblieben, und da fand ich ihren Brief auf meinem Schreibtisch. Sie war schon weg.«

»Und dann bist du wütend ins Zimmer von Frau Erkens gegangen, weil du alles zerschlagen wolltest?«

»Nein. Ich wollte nur meinen Blumenstrauß zurückholen ... den ich ihr hingestellt hatte. Und als ich drinnen stand, bin ich auf einmal ... wild geworden ... und als ich wieder zu mir kam, war alles kaputt und er stand in der Tür ...«

»Pitzek.«

»Ja!«, stieß sie unwirsch hervor.

»Und weiter?«

Sie zuckte mit den Schultern. Dann lachte sie bitter: »Rausgeführt, abgeführt ...«

»Hat er dich nach Haus gebracht?«

Sie nickte.

»Und die Situation ausgenutzt.«

»Ja.«

Die Küchentür sprang auf und knallte gegen die Wand.

»Falsch! Alles gelogen!«, rief Pitzek laut, ging an uns vorbei und verpasste Berta eine Ohrfeige, dass sie beinahe vom Stuhl fiel. Sie hielt sich an mir fest, umklammerte die Stuhllehne mit der anderen Hand und blickte ihn apathisch an.

Ich sprang empört auf. Berta blieb sitzen. Pitzek trug nur Hose und Hemd, hinter seinem Rücken steckte etwas Schwarzes im Gürtel. Eine Pistole.

»Sie hat sich mir an den Hals geworfen!«, sagte er verärgert.

»So kann man das natürlich auch sehen«, meinte Klara trocken.

– 32 –

»Er lügt ja«, sagte Berta. »Er verlangt Dinge von mir, die man nicht verlangen darf.«

»Du wolltest es doch nicht anders!«

»Was weißt du denn davon!«

»Nach einem Jahr in der Frauenpolizei«, sagte Pitzek süffisant, »weiß ich doch, was ihr wollt. Eine starke, ordnende Hand!«

»Wie angenehm, einen Herrn mit fest gefügten Ansichten kennenzulernen«, stellte Klara fest.

Pitzek baute sich vor der Küchentür auf. »Ihr seid ganz umsonst gekommen. Uns kann man nichts.«

»Ein Doppelmord und ein Mordversuch, ist das nichts?«, sagte ich.

»So? Um was geht's denn?«, fragte er.

»Lassen wir den Mordversuch an mir beiseite, dann bleiben die beiden Toten von Pellworm, Therese Dopfer und Maria Fischer.«

»Ja und?«

»Schlanbusch hat Sie beide hinter ihnen hergeschickt.«

»Wir sollten sie von ihrer Verzweiflungstat abhalten«, sagte Pitzek.

»Sie sollten sichergehen, dass sie ihre Vorhaben auch wirklich wahr machen!«, sagte Klara.

»Unsinn! Schlanbusch wollte, dass wir sie zurückholen.«

»Und woher wusste Schlanbusch, dass sie nach Pellworm gefahren waren? In dem Abschiedsbrief stand nur ›wir fahren nach den Halligen‹.«

Pitzek streckte den Arm aus und deutete auf Berta. »Das war doch ihre Idee.«

»Du, Berta?«

»Ja, aber es war nur geraten«, sagte die Angesprochene, noch immer in gebeugter Haltung am Tisch sitzend. Stockend sprach sie weiter: »Nach den Halligen ... das hatten sie geschrieben ...«

»Hast du den handschriftlichen Brief gesehen?«

»Handschriftlich?« Sie hob den Kopf und schaute zu Pitzek.

»Er war mit der Maschine geschrieben, na und, was ist dabei?«, sagte er.

»Abschiedsbriefe werden meist mit der Hand geschrieben«, warf Klara ein.

»Dann haben die ihn eben mit der Maschine geschrieben«, sagte Pitzek.

»Hast du den Brief in der Hand gehalten?«, fragte ich Berta.

»Ja.«

»War er unterschrieben?«

»Die Namen standen darunter.«

»Getippt?«

»Ja.«

»Keine handschriftliche Unterschrift?«

»Nein. Ist das denn so wichtig?«

»Du hast nur die angebliche Abschrift eines angeblich vorhandenen Abschiedsbriefs gesehen, Berta.«

»Das sind doch Spitzfindigkeiten«, brummte Pitzek.

»Zurück zu den Halligen, Berta«, sagte ich. »Woher wusstest du, dass sie nach Pellworm gefahren sind?«

»Es war nur eine Vermutung. Weil sie dort einmal gewesen waren, als Maria so sehr kränkelte, dass sie zu schwach für ihre Arbeit war. Sie sind zur Kur nach Pellworm gefahren. Und von dort aus haben sie wohl auch eine Hallig besucht. Es hat ihnen gut dort gefallen. Maria sagte, es sei seit Langem einmal wieder eine glückliche Zeit gewesen.«

»Wann war das?«

»Viel früher. Ein Jahr vorher oder so.«

»Und das hast du Schlanbusch mitgeteilt?«

»Ja, und er hat uns dann dorthin geschickt.«

»Um sicherzugehen, dass sie sich auch wirklich umbringen«, wiederholte Klara. »Und wenn sie es nicht tun, dann solltet ihr nachhelfen. Mit den Dienstpistolen, die in manchen Zeitungsartikeln erwähnt wurden. Oder ihr hättet sie gefesselt und ins Watt geschleppt, damit sie ganz sicher ertrinken – genau so, wie es später in der Presse stand, die rechtzeitig über alle möglichen Todesursachen informiert wurde.«

»Aber wir kamen doch viel zu spät!«, rief Berta. »Und außerdem ...«

»Das alles ist nur dummes Gerede«, sagte Pitzek unwirsch. »Als wir zur Insel aufbrachen, herrschte ein schlimmes Unwetter. Es war so stürmisch, wir konnten gar nicht nach ihnen suchen.«

»Vielleicht war es so, und dann passte der Sturm gut zu Schlanbuschs Plan, hat ihm praktisch ein Alibi geliefert«, sagte ich. »Ihr habt erfolglos gesucht und die anderen gingen ihrem mörderischen Handwerk nach.«

»Die anderen?«, fragte Pitzek. »Welche anderen?«

»Die Männer in den Ledermänteln. Die mit einem Motorboot gekommen waren.«

»Welche Männer, welches Motorboot?«

»Das fragen wir euch!«, sagte Klara.

»Davon weiß ich nichts«, sagte Pitzek.

»Berta?«

»Ich bin sofort ins Bett, nachdem wir auf der Insel angekommen waren. Ich war krank, ich habe überhaupt nichts gesehen. Erst als man sie gefunden hatte und das Unwetter vorbei war ...«

Klara seufzte. »Also gut, fangen wir noch mal von vorn an. Als Schlanbusch euch nach Pellworm geschickt hat, war er da allein?«

»Ja.«

»Kein Dr. Blecke, kein Polizeipräsident Campe, kein Senator Schönfelder?«

»Die waren nicht da. Es war ja Sonntag und wir waren in Schlanbuschs Privatwohnung. Der Brief war im Stadthaus eingegangen und musste ihm gebracht werden. Das habe ich gemacht. Und Berta habe ich mitgenommen.«

»Warum?«

»Weil wir beide zusammen zum Dienst eingeteilt waren.«

»Du hast uns eingeteilt!«, stellte Berta fest.

»Na und?«

»Wusste sonst noch jemand davon?«, fragte Klara.

»Der Brief kam im Stadthaus an, wir haben ihn zu Schlanbusch gebracht, er hat uns nach Pellworm geschickt.«

»Sonst hat niemand etwas erfahren?«, hakte Klara nach.

»Nur die, die Schlanbusch dann unterrichtet hat.«

»Genau das meine ich«, sagte Klara. »Er wird natürlich Campe und Schönfelder unterrichtet haben, vielleicht auch Dr. Blecke, was aber zweitrangig ist. Vor allem konnte er sich Zeit lassen, es war Sonntag. Da ist man nicht sofort erreichbar und erreicht andere nicht so schnell. Mit der Erkens hat er zum Beispiel erst am übernächsten Tag gesprochen, als sie ihn von sich aus nach dem Schicksal der beiden Verschwundenen fragte. Er hatte keine Eile, sie über das Drama in ihrer eigenen Abteilung in Kenntnis zu setzen, obwohl sie seit Donnerstag wieder im Dienst war. Nehmen wir mal an, er hat es auch nicht für nötig befunden, Campe und Schönfelder als Erste in Kenntnis zu setzen, sondern die anderen.«

»Welche anderen?«

»Die, die Unterschriften gegen die Erkens gesammelt hatten und die WKP abschaffen wollten, die deutschnationale Brut, die Schönfelder in seiner Behörde herangezüchtet und offenbar nicht mehr unter Kontrolle hat ... und die haben die Gelegenheit ergriffen und ein Kommando losgeschickt.«

»Männer auf einem Motorboot, die sichergehen sollten, dass das, was im Abschiedsbrief angekündigt wurde, auch wirklich eintraf«, ergänzte ich.

»Die Erkens war zurück«, sagte Klara. »Schlanbusch hatte sie nicht kleingekriegt. Jetzt mussten die Deutschnationalen fürchten, dass ihre Verbündeten in der Behörde, die alles getan hatten, um die Erkens loszuwerden, in Schwierigkeiten kommen. Hab ich Recht?«, wandte sie sich an Pitzek.

Er schwieg.

»Warum sagst du denn nichts«, sprach Berta an seiner Stelle. »Es war doch ausgemachte Sache, dass das alles dazu benutzt werden sollte, die WKP abzuschaffen. Du hast es mir selbst gesagt.«

»Trotzdem, mit den Nazis habe ich nichts zu tun«, sagte Pitzek.

»Hinter Schlanbusch stehen also die Nazis?«

»Das habe ich nicht gesagt.«

»Es hörte sich aber so an.«

»Ich weiß nicht, wer hinter Schlanbusch steht, es ist mir auch egal. Ich bekomme Befehle und führe sie aus. So ist das. Mehr gibt es nicht zu sagen. Ich habe mir nichts zuschulden kommen lassen. Seit wann ist es denn ehrenrührig, wenn man den Befehlen eines Vorgesetzten folgt?«

»Eigenartig, dass Sie nur diesem einen Vorgesetzten folgen.«

»Ich bin ihm unterstellt.«

»Was hat er Ihnen versprochen?«, fragte Klara, »wenn er nach der nächsten Wahl Polizeipräsident wird?«

»Er muss mir gar nichts versprechen.«

»Ich weiß schon«, sagte Klara abfällig, »in Ihren Kreisen versteht man sich auch ohne viele Worte.«

»Ach was, Sie haben keine Ahnung.«

Wir schwiegen und starrten einander an, Berta seufzte vor sich hin.

»Ist das nun die Wahrheit?«, fragte ich. »Können wir es beweisen?«

»Wem denn?«, sagte Berta leise.

»Es ist so, wie wir es immer gesagt haben«, meinte Klara. »Die Schönfelder-Polizei ist ein einziger korrupter Sumpf.«

»Können wir denn nicht etwas davon wiedergutmachen?«, fragte Berta.

Pitzek lachte höhnisch. »Haben wir denn was schlecht gemacht?«

Berta sprang auf und baute sich vor ihm auf. »Ja, du! Du hast immer eine Antwort, du weißt immer, was du tun willst, weil es dir egal ist, ob du jemandem damit schadest oder wehtust. Du trampelst einfach weiter, und wenn einer nicht will, wie du willst, dann prügelst du oder drohst und schimpfst und schreist. Soll so die Welt wieder werden – ein Urwald mit Affen, die nur brüllen und schlagen?«

»Reg dich nicht auf, Berta, du bist mich ja los«, antwortete Pitzek mit einer Stimme, als würde er einem Kind gut zureden. »Ich gehe nach Köln.«

»Was meinst du damit?«, fragte sie.

»Du bist wieder frei. Das wolltest du doch.«

»Du willst mich sitzen lassen?«, rief sie zornig.

Er grinste: »Du wolltest mich loswerden. Und nun ist es dir auch wieder nicht Recht?«

»Nimm mich mit!«, verlangte Berta.

»Niemals.«

»Und dafür hab ich gelogen, dass du mich mit Füßen trittst?«

»Wieso denn gelogen?«

»Als du zu Schlanbusch sagtest, der Auftrag sei erledigt, da hab ich genickt …«

»Na und, was ist schon dabei, wenn man nickt?«

»Du hast gelogen und ich habe genickt. Ich bin genauso schlimm wie du. Gib mir wenigstens einen Kuss zum Abschied«, sagte sie.

»Einen Kuss?«, fragte Pitzek verdutzt. »Wieso das?«

»Los!« Sie trat dicht vor ihn hin. »Und du sollst mich dabei umarmen!«

»Aber das ist lächerlich.«

»Erst bringst du mich dazu, dich zu lieben, und dann ist es lächerlich?« Sie hob die Arme.

»Lass das doch«, wehrte er ab.

»Nein«, sagte sie und warf sich ihm an den Hals.

Er verlor das Gleichgewicht und stieß gegen die Küchentür. Noch bevor er sich wieder gefangen hatte, war Berta zwei Schritte zurückgetreten. In der Hand hielt sie die Pistole, die sie ihm aus dem Gürtel gezogen hatte.


– 33 –


»Gib her, du …« Pitzek trat einen Schritt vor und machte eine linkische Handbewegung. Ich schob mich rasch zwischen ihn und Berta, aber Pitzek versuchte, mich beiseite zu stoßen. Ich hielt stand. Er packte mich am Arm und hob drohend die Faust.

»Lass das!«, rief Berta.

Da hatte ich ihn schon im Griff. Wut und Schmerz ließen ihn laut aufschreien, aber er konnte nicht anders, als sich nach vorn beugen und in gebückter Haltung stöhnend verharren.

»Lass das!«, wiederholte Berta scharf.

»Ist ja schon gut«, sagte ich. »Am besten, du gibst ein paar Handschellen her.«

»Du sollst ihn loslassen!« Der Lauf der Pistole wechselte zwischen Pitzek, Klara und mir hin und her.

»Wieso denn? Es ist besser, wenn er gefesselt …«

»Nein! Er geht so.«

»Das ist wahre Liebe«, spottete Klara, »ohne Fesseln, aber mit der Pistole im Anschlag.«

»Wir gehen jetzt nach unten«, zischte Berta. »Wir werden das klären. Es muss alles richtiggestellt werden. Ich will nicht für ein Verbrechen einstehen, das ich nicht begangen habe. Wir fahren ins Stadthaus!«

»Kunststück«, sagte Klara. »Ohne Auto.«

»Ernst hat seinen Ford unten an der Ecke stehen. Aber du

kommst nicht mit, Spartakistin! Kannst gleich vorangehen, dann Jenny, dann Ernst. Los!«

Man sollte meinen, dass die Sinne in solch einer gefährlichen Situation besonders geschärft sind. Bei mir war es seltsamerweise nicht so. Mit Pitzek hinter mir, gefolgt von Berta mit der Pistole in der Hand, fühlte ich mich nicht nur ihrer Willkür, sondern auch dem Zufall ausgeliefert. Was, wenn sie stolperte, oder er versuchte, ihr doch noch die Waffe wegzunehmen? Es rauschte in meinen Ohren, ich fühlte mich wie halb betäubt, als ich mich die enge Treppe hinuntertastete. Vor allem auf meine Augen war kein Verlass in der Dunkelheit.

»Gibt es denn hier kein Licht?«

Niemand antwortete.

Schwarze Umrisse vor mir, schürfende Stiefelsohlen auf knarrenden Holzstufen. Hinter meinem Rücken Pitzeks Keuchen. Wie wahnsinnig, diesem in seinem Stolz getroffenen, zur Gewalt neigenden, tumben Kerl keine Fesseln anzulegen! Gleich wird er mich packen, stoßen, hinter sich greifen, Berta anfallen, sie wird die Treppen hinunterstürzen, ein Schuss wird sich lösen ...

Wieso ist ihr so wichtig, dass ihm die Hände frei bleiben? Was hat sie denn vor mit ihm? Will sie ihm die Flucht ermöglichen? Sie hat die Waffe. Aber sie ist auch schwach, sie hat sich ihm ausgeliefert, sie wird kaum den Mut haben, ihn der Justiz zu übergeben und damit sich selbst zu erniedrigen. Gleich wird sie stolpern ... absichtlich.

Wir kamen im Erdgeschoss an. Klara blieb vor der Haustür stehen. Durch das quadratische Türfenster drang der milchige Schein des Morgenlichts. Ich drehte mich um. Was ich sah, wirkte eigentlich lächerlich: Der massige Pitzek mit der Schlägermütze tapste wie ein unglücklicher Zirkusbär die Treppen hinunter, hinter ihm seine Dompteurin, es fehlte nur der Strick.

»Nicht stehen bleiben! Tür auf! Weiter!«, kommandierte Berta atemlos.

Klara zerrte an der Klinke, die Tür klemmte, ruckte auf und das kalte Tageslicht sprang uns grell entgegen. Unwillkürlich hob ich die Arme, um die Augen abzuschirmen. Gleichzeitig spürte ich Pitzeks Atem dicht im Nacken und schrak zusammen. Hastig trat ich nach draußen, hinter Klara her, deren Silhouette ich dunkelgrau und unscharf erkennen konnte. Mit einer schnellen Bewegung zog sie sich die Mütze ins Gesicht.

Auf dem Treppenabsatz glitt ich aus, strauchelte, mein Fuß knickte um, und ich verlor jeden Halt.

»Dumme ...«, stieß Pitzek hinter mir aus.

Während ich noch fiel, hörte ich Klaras Warnung: »Achtung!«

Ihr Schatten fiel mir entgegen. Oder war ich es, die ihm entgegenfiel? Gleichzeitig hörte ich ein lautes Aufjaulen, ein spitzes Knirschen, ein fauchendes Gebrüll, und ein großer schwarzer Kasten schob sich ins unscharfe Bild. Im Fallen nahm ich undeutlich war, wie Klaras Silhouette vor dem Kasten zurückwich, der sie ansprang wie ein Raubtier. Ich landete mit dem Rücken auf der Bordsteinkante und im gleichen Augenblick zerplatzte etwas. Ich bekam keine Luft mehr, blieb still liegen, über mir das unklare Muster des Fachwerks, die Linien der Dachgiebel, Fensterkreuze, die im Leeren zu hängen schienen.

Wie eine riesige Statue kippte Pitzek nach vorn und fiel mit ausgebreiteten Armen über meine Füße.

Ich schrie. Berta schrie. Wieder knallte es mehrfach. Bertas Silhouette glitt über mich. Wie eine zappelnde Marionette ruckte sie hin und her, die Arme drohend erhoben, als wollte sie den Raubtierschatten verscheuchen.

Putz und Steinsplitter rieselten auf mein Gesicht. Ich richtete mich auf, bemüht, die Last wegzuschieben, die auf meine

Beine drückte. Jemand rief:»Runter, Jenny!« Ein heißes Zischen am linken Ohr.

Der schwarze Kasten ruckte, ein aufheulender Motor, eine Wagentür schwenkte auf und eine Puppe rutschte heraus.

Wieder knallte es und endlich hörte Berta auf zu zappeln und blieb ruhig stehen.

Das Auto machte einen Satz nach vorn, das Getriebe knirschte, dann sprang der Wagen zurück und rollte über die herausgefallene Puppe, vor der jetzt Klara kniete, die ein schwarzes Ding hochhob und damit auf den Wagen zielte, der mit laut aufheulendem Motor davonstob.

Ein Schuss aus Klaras Pistole, der Wagen schlingerte um die nächste Straßenecke und verschwand mit wütendem Jaulen.

»... den Reifen erwischt ...«, hörte ich Klaras heisere Stimme.

Sie half mir auf.

Die Puppe, die vor uns auf der Straße lag, war ein Mann. Unter seinem schwarzen Ledermantel trug er eine braune Uniform.

Ein lautes Stöhnen hinter uns. Berta stand mit ausgestreckten Händen da. Es sah aus, als wollte sie uns den Revolver geben, eine steife, linkische Geste. Sie würgte, und roter Schaum quoll aus ihrem Mund, dann ein Schwall Blut. Ihre Knie gaben nach. Ein unkontrolliertes Zucken, eine fahrige Geste, als wollte sie sich für ihren Schwächeanfall entschuldigen. Dann brach sie über Ernst Pitzek zusammen.

Wir knieten uns neben die beiden, tasteten nach den Halsschlagadern. Es war nichts mehr zu machen.

Klara krallte sich an meinem Arm fest. Sie war bleich. »Was nun?«, fragte sie.

»Du gehst. Das ist eine Polizeisache.«

Ihr Griff um meinen Arm wurde fester. Sie stand auf und zerrte mich hoch. Wir standen ganz dicht voreinander und sie sagte:»Hör zu, Herzchen, wenn du heute Abend nicht kommst, geh ich los und hol dich, egal wo du bist.«

Sie küsste mich. Es tat weh. Ich sagte nur: »Ja, gut.«

Dann war sie weg.

Ich stand da und wartete ganz allein auf die Polizei.

Im Stadthaus ging ich den Männern von der Kripo auf die Nerven, weil ich darauf bestand, nichts gesehen, sondern alles nur gehört zu haben. Ich erklärte, dass ich nur ganz zufällig dort gewesen sei, weil ich Berta Winter abholen wollte, die gerade Besuch von einem Kollegen hatte. Wir wollten zum Optiker gehen, sagte ich, darauf legte ich großen Wert. Warum zwei SA-Männer das Feuer auf uns eröffnet hatten, und wieso ausgerechnet Berta zurückschoss, konnte ich nicht erklären. Die Beamten der Mordkommission hätten mir bestimmt nicht geglaubt, wenn ich behauptet hätte, die Hintermänner dieses Verbrechens säßen hier im Stadthaus mitten unter ihnen.

Am Nachmittag ließen sie mich gehen und ich holte meine Brille ab. Die Welt sah durch sie nur noch schlechter aus.

Als ich am Abend aus der Gasse mit den leuchtend roten Transparenten in den Durchgang zu Klaras Hinterhof einbog, nahm ich sie wieder ab.

Ich sah ihre Umrisse am geöffneten Fenster im ersten Stock und hob die Hand zum Gruß. Sie winkte zurück. Um sie herum Nebel. Das war der Zigarettenrauch.

# EPILOG: **EINE FRAUENSACHE**

Zwei Tage nach diesem blutigen Ereignis, am Freitag, dem 11. März 1932, traf ich endlich mit Josephine Erkens zusammen, die sich von ihrem Hungerstreik offenbar gut erholt hatte. Das Gespräch in ihrer Wohnung kam auf Vermittlung von Klara und einem Mitglied der Redaktion der *Hamburger Volkszeitung* zustande. Etwa zur gleichen Zeit, als Berta Winter und Ernst Pitzek dem Anschlag faschistischer Mörder zum Opfer fielen und ich anschließend im Stadthaus verhört wurde, war Frau Erkens erneut vor die Disziplinarkammer getreten. Am gleichen Tag erschien in der *Volkszeitung*, dem einzigen Presseorgan, das die ehemalige Leiterin der Weiblichen Kriminalpolizei noch verteidigte, ein Kommentar über den Polizei-Untersuchungsausschuss der Bürgerschaft, in dem festgestellt wurde,

»dass die wirklichen Motive des Senats über die Behandlung des Falles Erkens im Untersuchungsausschuss ganz andere sind, als er es in der Öffentlichkeit plausibel machen will. Im Reiche des Polizeisenators Schönfelder müssen viele Missstände herrschen. Deshalb scheuen die Verantwortlichen die Öffentlichkeit, deshalb hat der Senat allen Polizeibeamten verboten, vor dem Untersuchungsausschuss Aussagen zu machen. Die Wahrheit wird dennoch ans Tageslicht kommen, auch wenn SPD-Schönfelder und der Koalitionssenat sie mit allen Mitteln unterdrücken wollen«.

Natürlich sprach ich mit Klara weiter über den Fall und kam zu dem Schluss, dass ihre Meinung und die Ansich-

ten ihrer Genossen über die Verhältnisse in der Polizeibehörde sich mit meinen Erlebnissen deckten. Offenbar
waren dem Senator und seinen leitenden Beamten die Zügel entglitten, um es milde zu formulieren. Schärfer ausgedrückt (wie es Klara tat): Die sozialdemokratische Poli-
zeiführung hatte geschehen lassen, dass ihr politischer
Feind sich in der Polizeizentrale im Stadthaus einnisten
konnte.

Therese Dopfer, Maria Fischer und ihre Vorgesetzte Josephine Erkens waren somit Opfer machtpolitischer Intrigen. So
sah ich es nun. Nach meinem Gespräch mit Frau Erkens
musste ich diese Ansicht allerdings zu einem gewissen Teil
revidieren.

Regierungsrätin Erkens, eine stattliche Frau von 42 Jahren,
die schon allein durch ihren Blick Autorität ausstrahlte,
empfing mich an der Tür ihrer Privatwohnung. Sie trug ein
längsgestreiftes grau-schwarzes Kleid mit weißem Kragen, die
Haare streng zurückgebunden, und schenkte mir ein freund-
liches Lächeln zur Begrüßung. Ihre wachen Augen musterten mich durchdringend, ihr Händedruck war kräftig.

»Es freut mich sehr, Miss Stevenson, Sie endlich kennenzulernen«, sagte sie in gutem Englisch. Anschließend sprachen
wir auf Deutsch weiter.

Mit ihrer Körperhaltung, ihren deutlichen Gesten, klaren
Worten und präzisen Ausführungen, so lernte ich während
unseres Gesprächs, signalisierte sie, dass sie stets das große
Ganze im Blick hat.

Sie führte mich in ein schlicht eingerichtetes Wohnzimmer,
wo auf dem gedeckten Tisch eine Kanne mit Tee und eine
Schale feines Gebäck auf uns warteten. Sie bot mir einen
Stuhl an, und nachdem wir einige Freundlichkeiten ausge-
tauscht hatten und ich die Grüße des Vorstands der englischen Sektion der International Policewomen's Association
übermittelt hatte, kamen wir auf die ernsten Themen zu
sprechen.

»Vorab möchte ich Sie bitten«, begann Frau Erkens, »nach Ihrer Rückkehr in England beim Vorstand der I.P.A. vorstellig zu werden und vorzuschlagen, dass die internationale Presse von den Geschehnissen hier in Hamburg unterrichtet wird. Es wäre auch durchaus von Nutzen, wenn weiterhin eine Person aus dem Ausland die Entwicklung der Verhältnisse in der hiesigen Polizeibehörde beobachten würde. Wie es scheint, wird hier gerade ein Präzedenzfall geschaffen. Die erfolgreiche Verhinderung eines der bedeutendsten Reformprojekte im deutschen Polizeiwesen muss für alle fortschrittlich denkenden Frauen ein Warnsignal sein. Was heute hier geschieht, kann morgen in anderen Städten und Ländern passieren, weil es Kräfte gibt, die das Rad der Geschichte zurückdrehen wollen. Vielleicht war es ein Fehler von uns, dass wir das Beharrungsvermögen, ja den Willen zur Sabotage, bei den Uneinsichtigen unterschätzt haben.«

Ich fragte sie, ob sie Dr. Schlanbusch damit meinte.

»Wenn Sie, liebe Miss Stevenson, an dieser Stelle seinen Namen nennen, dann werden Sie Ihre Gründe haben. Und ich gebe Ihnen Recht. Herr Dr. Schlanbusch hat die Frauenpolizei nie gewollt. Als er dann unsinnigerweise mit ihrer Beaufsichtigung betraut wurde, hat er alle notwendigen Schritte zu einem Ausbau der erfolgreichen Dienststelle behindert und wichtige Dinge, wie zum Beispiel die Einführung einer uniformierten Gefährdetenpolizei, abgewürgt. Wenn Polizeipräsident Campe und Senator Schönfelder nicht an ihm festgehalten hätten, wäre die Katastrophe niemals passiert. Diese Herren haben den historischen Charakter meiner Arbeit nicht erkannt, vielleicht gar nicht erkennen wollen. Wie sollten sie auch, geht es doch gerade darum, zum Mann, der alles regiert und alles aus seiner Perspektive betrachtet, einen Gegenpol zu schaffen. Die Einrichtung einer weiblichen Polizei kann nur die Sache der Frau selbst sein. Deshalb war es vollkommen abwegig, einen Mann mit der Oberaufsicht zu betrauen. Wie oft habe ich Eingaben gemacht, diesen Missstand zu beheben. Sie wurden allesamt hintertrieben. Und statt Herrn Dr. Schlanbusch zu versetzen, hat man mir mit diesem unsäglichen Dr. Blecke einen weiteren Uneinsichtigen vor die Nase gesetzt. Das sind zwei Männer, denen jedes Gespür für die Besonderheiten und die Empfindsamkeiten einer weiblichen Dienststelle fehlt. Blauäugig haben sie eine Spaltung meiner Abteilung betrieben. Nun werden die Opfer dieser Machenschaften beklagt, und bei wem sucht man die Schuld? Ausschließlich bei mir!«

»Dann sehen Sie also, was den Tod von Fräulein Dopfer und Fräulein Fischer betrifft, keine Schuld bei sich?«

»Um diesen ungeheuerlichen Vorwurf zu entkräften, habe ich ja auch selbst ein Disziplinarverfahren gegen mich beantragt, dem erst sehr spät und nach langer Blockade stattgegeben wurde.«

»Aber dieses Verfahren hätte es doch ohnehin gegeben.«

»Es geht ums Prinzip, Fräulein Stevenson!«

»Ich habe in den zwei Wochen, die ich nun in Hamburg bin, einiges über die Todesumstände der beiden Unglücklichen herausgefunden«, erklärte ich und berichtete von meinen Ergebnissen, nicht zuletzt den Erkenntnissen, die ich auf Pellworm gewonnen hatte. Frau Erkens, die mich vorher ständig unterbrochen hatte, ließ mich diese Zusammenhänge ohne Zwischenfrage darlegen. Als ich am Schluss angelangt war, kam ich zu der Frage, die mich noch immer am meisten umtrieb: »Wie kam es aber, dass die beiden so verzweifelt waren, dass sie keinen anderen Ausweg mehr sahen?«

Josephine Erkens lehnte sich zurück und verschränkte die Arme. »Sie waren zu schwach.«

»Aber dann hätte man ihnen helfen müssen.«

Sie schüttelte den Kopf. »Das war nicht mehr möglich.«

»Man kann doch immer helfen. Das ist ja gerade …«

»Der Mensch muss sich fragen, ob er sich für sich selbst aufopfern will oder für die Sache.«

»Das verstehe ich nicht.«

»Als Einzelne muss ich hinter meiner Aufgabe zurücktreten, wenn die Aufgabe größer ist als ich.«

»Worauf wollen Sie hinaus?«

»Wir Frauen, die wir unser Leben einer höheren Aufgabe geweiht haben, weil wir uns für die Sklavenarbeit in der Familie zu schade sind, wir müssen hart bleiben, die Zähne zusammenbeißen und die historische Aufgabe ohne Wenn und Aber bewältigen. Jedes Zögern wird als Schwäche ausgelegt. Man wartet doch nur darauf, dass wir scheitern, um uns wieder an den Herd zu verbannen! Wir aber müssen hart sein und hart bleiben, vor allem uns selbst gegenüber!«

Das war der Moment, wo mir Tante Elsi in den Sinn kam. Sie hatte Großes vorgehabt mit sich selbst und war doch nur da angekommen, wo sie niemals hin wollte. So betrachtet, war ganz klar: Wer keine große Idee hat, sondern nur sich selbst, der schwebt ständig in Gefahr, an der eigenen Unzulänglichkeit zu scheitern, vielleicht auch an der von anderen. Wer aber einer großen Idee folgt und sich ganz in ihren Dienst stellt, der kann nur gewinnen!

Ich nickte, dann aber packte mich der Zweifel. »Was passiert denn mit denen, die Schwäche zeigen, denen die Kraft ausgeht?«

Fräulein Erkens schüttelte energisch den Kopf. »Das darf nicht passieren. Nicht in der historischen Stunde, wo wir Großes leisten können. Wenn wir die Möglichkeit haben voranzuschreiten, dann müssen wir voranschreiten, unbedingt.«

»Und das konnten Thesy und Maria nicht mehr?«

Fräulein Erkens stutzte, als ich die beiden beim Vornamen nannte.

»Vielleicht konnten sie nicht, vielleicht wollten sie nicht, vielleicht hat man sie auch beeinflusst …«

»Mir kommt es noch immer so vor, als habe der Selbstmord der beiden direkt mit Ihrer Rückkehr nach der Suspendierung zu tun.«

Sie hob die Hand, als wollte sie mir Einhalt gebieten. »Ich lasse nicht zu, dass man mir den Schwarzen Peter zuschiebt!«

»Aber Fräulein Dopfer wollte sofort aus dem Dienst entlassen werden, als sie hörte, dass Sie zurückkommen.«

»Thesy war immer sehr aufbrausend, sogar jähzornig. Sie hat oftmals erst geschrien und dann nachgedacht. So wäre es diesmal auch gekommen. Nachdem Dr. Schlanbusch ihr mitteilte, dass sie mit meiner Rückkehr rechnen muss, war ihr natürlich klar, dass sie sich fortan wieder unterordnen müsste. Das gefiel ihr nicht, da wurde sie laut.«

»Mir wurde gesagt, sie sei völlig zusammengebrochen.«

»Mag sein, dass sie einen Schwächeanfall hatte. Natürlich war das nicht gut, gerade in dieser Situation, als die Zukunft der Frauenpolizei auf dem Spiel stand. Wir durften keine Schwächen zeigen, aber sie tat es.«

»Sie verlangte, in eine andere Abteilung versetzt zu werden, und bat, wenn das nicht möglich wäre, sogar um Entlassung aus dem Dienst. Aber warum?«

»Sie hatte sich bei Schlanbusch gegen mich verwandt, später wieder klein beigegeben. Sie fürchtete, ich könnte Rache nehmen.«

»Zu Recht?«

»Mir ging es niemals um Persönliches, sondern um die Sache, das habe ich doch bereits ausgeführt! Sie war in meiner Abwesenheit mit meiner Vertretung betraut und damit befugt, Autorität auszuüben. Aber anstatt umsichtig zu handeln, hat sie sich beispielsweise gegen Fräulein Bindert gewandt, weil sie deren hervorgehobene Stellung bei der Gefährdetenpolizei nicht befürwortete und sie für meine Vertraute hielt.«

»Sie hätten ihr also keinen Strick daraus gedreht?«

»Wie hätte ich das tun können? Fräulein Dopfer hatte doch schon mit Campe und Schönfelder gesprochen. Die hatten ihr zugeredet zu bleiben. Sie sollte sich aber erst mal erholen. Also wurde sie von Schlanbusch beurlaubt.«

»Es gab also keinen Grund für sie, verzweifelt zu sein?«

»Nein. Sie hatte ja die hohen Herren hinter sich.«

»Trotzdem ging sie schnurstracks nach Hause und kam nicht wieder.«

»Ich sagte doch, sie war erst mal beurlaubt!«

»Und Sie haben nicht mehr mit ihr gesprochen?«

»Nein.«

»Aber mit Fräulein Fischer. Die haben Sie ja zu sich gerufen.«

»Natürlich. Fräulein Fischer war bei Abwesenheit von Fräulein Dopfer deren Stellvertreterin. Da Fräulein Dopfer nicht im Haus war, musste ich sie zu mir rufen. Sie sollte mir Bericht erstatten über die Vorgänge, die sich während meiner Abwesenheit ereignet hatten.«

»Das haben sie getan und sonst nichts?«

»Ich habe ihr noch einige dienstliche Anweisungen erteilt.«

»Aber warum kam Maria Fischer nach dem Gespräch völlig verstört, bleich und zitternd aus ihrem Büro und verließ ebenfalls die Dienststelle?«

»Ich weiß es nicht.«

»Aber da muss doch etwas gewesen sein, dass sie völlig aus dem Gleichgewicht brachte!«

»Vielleicht hat sie sich eine Bemerkung von mir etwas zu sehr zu Herzen genommen.«

»Was für eine Bemerkung?«

»Wie schon gesagt, wenn wir unser Leben einer höheren Aufgabe geweiht haben, müssen wir hart bleiben, dürfen keine Schwäche zeigen, sonst ist alles schnell verloren. Das versuchte ich ihr klarzumachen.«

»Diese Ansicht war doch sicher nichts Neues für Fräulein Fischer, mit der Sie schon so lange zusammengearbeitet hatten.«

Frau Erkens zögerte einen Moment. »Nein«, sagte sie dann. »Natürlich nicht. Neu war für sie in diesem Zusammenhang, dass ich festlegte, dass ihre unmittelbare Zusammenarbeit mit Therese Dopfer beendet werden müsste, weil zu viel Persönliches in die Dienstangelegenheiten eingeflossen war.«

»Unmittelbare Zusammenarbeit beendet?«

»Es wäre nicht mehr gegangen. Für mich war ganz klar, dass Fräulein Dopfer keine Zukunft in der Weiblichen Kriminalpolizei in Hamburg haben konnte. Deshalb wollte ich mich für eine Versetzung nach Berlin verwenden. Dort hätte sie Aufstiegsmöglichkeiten vorgefunden, die ihr in Hamburg verwehrt waren.«

»Und Maria Fischer?«

»Angesichts ihres Gesundheitszustands kamen weder eine Beförderung noch eine Versetzung in Frage.«

Ich war wie vom Donner gerührt und brachte kein Wort mehr heraus. Die kryptischen Sätze aus dem Abschiedsbrief kreisten wie auf einem Karussell in meinem Kopf herum und endlich ergaben sie einen Sinn: »Nach dem Benehmen von Frau Erkens wissen wir, dass wir uns dieser schamlosen Frau nie unterordnen können … Wenn man nicht mehr an das Gute und Gerechte glauben kann, ist es besser, wenn man allem ein Ziel setzt …«

Thesy und Maria. Ich sah sie vor mir, Hand in Hand am Fuße des Deichs nebeneinanderliegend, weiße Tücher über die Gesichter gebreitet, während der Sturmwind sich erhebt und die Fluten der Nordsee aufs Vorland treibt, um sie zu holen.

»Kindchen, Sie sind ja ganz blass«, sagte Frau Erkens besorgt.

Empört sprang ich auf. »Aber dann sind Sie ja an allem schuld!«, rief ich aus. »Sie selbst haben die Sense geschwungen!«

Sie schaute mich verwirrt an: »Was reden Sie denn da?«

»Die Sache!«, stieß ich hervor. »Immer nur die Sache. Menschen sind keine Sachen!« Ich stolperte aus dem Zimmer, riss meinen Mantel vom Garderobenhaken und stürzte die Treppe hinunter.

Draußen schlug mir ein schneidender Wind entgegen. Eine

bittere Kälte hatte die Stadt überfallen. Ich ging zum Hafen.
Wie immer roch es nach verbrannter Kohle. Rauch quoll aus
den Schornsteinen der Schlepper und Dampfer. Eisbrocken
trieben im schwarzen Wasser.

Bald muss ich zurück nach England, aber bestimmt nicht für
immer.

»Wenn du nicht kommst, geh ich los und hol dich, egal wo
du bist.«

*Grabsteine auf dem Friedhof von Pellworm*

## NACHBEMERKUNGEN

Eine Woche nach den geschilderten Ereignissen, am 18. März 1932, beschließen SPD und NSDAP gegen die Stimmen der KPD die Vertagung des Polizei-Untersuchungsausschusses der Hamburger Bürgerschaft bis nach der Bürgerschaftswahl. Am 7. April findet die letzte Sitzung statt, danach stellt der Ausschuss seine Tätigkeit ganz ein. Anschließend stimmen SPD und NSDAP gemeinsam gegen ein Verbot der SA.

Am 24. April werden die Nationalsozialisten stärkste Partei in der Hamburger Bürgerschaft.

Das Verfahren gegen Josephine Erkens vor der Disziplinarkammer des Senats endet am 8. Oktober 1932 mit der Feststellung, dass sie keine Schuld am Selbstmord ihrer Untergebenen Therese Dopfer und Maria Fischer trifft. Da man ihr schweres Fehlverhalten gegenüber Vorgesetzten und Untergebenen sowie vorschriftswidrige Kontakte zur kommunistischen Presse anlastet, wird sie aus dem Staatsdienst entlassen, erhält aber wegen ihrer Verdienste die volle Pension.

Kurz nach dem Sieg der Nationalsozialisten bei der Reichstagswahl am 30. Januar 1933 wechseln fast alle bis dahin sozialdemokratisch organisierten Hamburger Polizeibeamten zur NSDAP.

Der neue Polizeisenator Richter beschließt am 31. Mai 1933, Frau Erkens die Pension abzuerkennen. Sie zieht nach Düsseldorf und geht 1937 nach Amerika, wo sie für die Federation of Social Agencies tätig ist. 1939 kehrt sie nach Deutschland zurück.

Polizeipräsident Campe und Senator Schönfelder werden von den Nazis in den Ruhestand versetzt.

Der stellvertretende Polizeipräsident Dr. Schlanbusch tritt 1933 dem Bund Nationalsozialistischer Deutscher Juristen bei, wechselt für ein Jahr in die Baubehörde, übernimmt 1934 die Leitung der Hamburgischen Finanzverwaltung und wird 1938 Direktor der Hamburgischen Landesbank.

## DANKSAGUNGEN

Der Autor bedankt sich bei den Mitarbeitern des Hamburger Staatsarchivs, die ihm wertvolle historische Dokumente zugänglich machten; ebenso beim Kreisarchiv Husum und vor allem bei Heinrich Ewers, Walter Fohrbeck und Heinz Clausen auf Pellworm, ohne deren Hinweise ich die wahren Umstände der Todesfälle auf der Nordseeinsel nicht ergründet hätte.

Eine wichtige Quelle war auch die wissenschaftliche Untersuchung *Nicht für eine Führungsposition geeignet* von Ursula Nienhaus (Münster 1999), allerdings mit Einschränkung, da sie einige Fakten unterschlägt.

Nicht zuletzt gilt mein Dank dem Dichter Detlev von Liliencron (1844–1909) für seine inspirierenden Gedichte und dem Kur- und Tourismusservice auf Pellworm, der mir für meine Recherchefahrten freundlicherweise ein Fahrrad zur Verfügung stellte.

R.B.

# Aus unserem Verlagsprogramm

**Robert Brack**
**SCHNEEWITTCHENS SARG**
**Ein Fall für Lenina Rabe**
Kriminalroman / Broschiert / 192 S. / ISBN 978-3-89401-540-4
Die junge Detektivin und Aikido-Meisterin Lenina Rabe
soll nicht nur den Tod einer vor zwanzig Jahren ermordeten
jungen Frau aufklären, sondern auch eine politische Affäre, die
nicht allein den Hamburger Senat beunruhigt. Die
ehemaligen Mitglieder eines Sozialvereins schätzen ihre
Nachforschungen gar nicht ...

**Robert Brack**
**HAIE ZU FISCHSTÄBCHEN**
**Ein Fall für Lenina Rabe**
Kriminalroman / Broschiert / 192 S. / ISBN 978-3-89401-466-7
Ihr gelegentlicher Mitarbeiter Tom soll die schöne
»Obdachlose« Mary vergewaltigt und ermordet haben.
Lenina Rabe ermittelt auf eigene Faust und stellt fest, dass sich
noch andere nachts auf dem Gelände der alten Seifenfabrik
herumgetrieben haben. Ein Tatort mitten im Interesse von
Baulöwen, Spekulanten und Investoren.

**Robert Brack**
**LENINA KÄMPFT**
Kriminalroman / Broschiert / 192 S. / ISBN 978-3-89401-408-7
»Brack erzählt die klassische Westernstory – Sohn
rächt Vaters Ehre – unklassisch-amüsant. Selten haben die
Guten so heiter gewonnen.« *Die Zeit*
»Mit gekonnter Leichtigkeit und ironischer Distanz führt
Brack die Seinen zum Sieg.« *die tageszeitung*

## www.edition-nautilus.de

# Kriminalromane Kaliber .64

Mörderisch gute Krimis von preisgekrönten Autoren!

Originalausgaben | je 64 Seiten | Broschur | Euro 4,90

---

**FRIEDRICH ANI: Der verschwundene Gast**

Tabor Süden, der große Schweiger unter den Kommissaren in der
deutschsprachigen Kriminalliteratur, löst einen kniffligen Fall ...

**ROBERT BRACK: Kalte Abreise**

Ein Toter im Luxushotel Atlantik, durch dessen Flure
Udo Lindenberg als Phantom schleicht ...

**HORST ECKERT: Der Absprung**

Tom Giering ist SEK-Beamter und ein Mann für die ganz harten Fälle,
doch dann beginnt seine Schusshand zu zittern: Parkinson ...

**GUNTER GERLACH: Engel in Esslingen**

Ebbe und Valerian sind zwei Knastbrüder in Freiheit, denen
in selbiger reichlich viel schiefgeht ...

**FRANK GÖHRE: Der letzte Freier**

Mord an der Prostituierten Tanja: Sie war bekannt dafür,
dass sie ihre Freier auch gern einmal linkte ...

**ROBERT HÜLTNER: Ende der Ermittlungen**

Der unkorrumpierbare Kommissar Grohm ermittelt in einem Mordfall in
der Zeit des sich zusammenrottenden Nationalsozialismus der 20er Jahre ...

**EDITH KNEIFL: Der Tod ist eine Wienerin**

Die Arbeit einer dubiosen Beratungsstelle für Frauen, die ihres Gatten
überdrüssig sind, zieht einige Todesfälle nach sich ...

**SUSANNE MISCHKE: Sau tot**

Nach der Hochzeit in einem niedersächsischen Dorf liegt am nächsten
Morgen einer tot – mit Mistforkeeinstichen in der Brust ...

**GABRIELE WOLFF: Im Dickicht**

Eine kleinbürgerliche Idylle im brandenburgischen Land zersetzt sich
schleichend. Ein Psychothriller erster Güte ...